いちばんやさしい
アプリマーケティング
の教本

人気講師が教える
スマホアプリ収益化の大原則

インプレス

著者プロフィール

Profile

森下 明（もりした・あきら）

株式会社ブシロード海外HQ
モバイル責任者

1988年三重県生まれ。東京理科大学理工学部を卒
業後、株式会社マクロミルに入社。その後、広告
代理店、ソーシャルゲーム開発会社でアプリマー
ケティング領域の職務に従事。
2018年、アプリマーケティング部門の立ち上げのた
め、株式会社ブシロードに入社。広報宣伝部副部長を経て、
2021年9月より現職（Bushiroad International Pte. Ltd. / Head of Mobile）。
CEDECやアドテック東京などのカンファレンスに多数登壇。
豪州BondUniversity MBA修了。

Facebook：https://www.facebook.com/akira19881010
Twitter：https://twitter.com/akiramarketing
note：https://note.com/akira19881010

株式会社ブシロード：https://bushiroad.co.jp/

はじめに

本書を手に取っていただき、誠にありがとうございます。みなさんの多くはスマートフォンアプリが関係するビジネスに従事されている方、そして「アプリマーケティング」という言葉に興味のある方だと思います。まずは簡単に自己紹介をさせてください。私は株式会社ブシロードにデジタルマーケティング部門の立ち上げのために入社しましたが、それ以前のキャリアも、ほぼすべてがデジタルマーケティング領域の人間です。ブシロードはIP（知的財産）を開発して収益を上げる企業で、アニメ、舞台、ライブ、TCG（トレーディングカードゲーム）、ゲームなどのメディアミックス展開に強みを持っています。そして、当社でいうアプリマーケティングとは、ゲームを中心としたアプリから得られる売上・利益を最大化するためのマーケティング活動、という意味になります。

私には今まで数多くのゲームアプリをリリースしてきた経験がありますが、アプリが最低限ヒットするために満たさなければならない条件や、その前提となる知識を網羅している書籍が、世の中に存在しないことに気づきました。私自身が実務の第一線で経験している内容を形式知化し、明日から現場で使えるノウハウとして集約したものが本書です。

私の経歴上、本書の事例の多くはゲームアプリとなりますが、ゲーム以外のアプリにも触れます。とはいえ、アプリマーケティングという戦場において、もっとも熾烈な争いをしているジャンルがゲームアプリです。ゲームアプリのノウハウは少し見方を変えるだけで、非ゲームアプリを手がけているみなさんにとっても役立つはずです。

本書のゴールは、アプリを開発・リリースし、運営していく一連のプロセスにおいて「決して外してはならない」ポイントを網羅することで、アプリマーケティングの成功確率を高めることです。中でも、アプリのインストールを拡大する目的で配信するネット広告「アプリ広告」について多くのページを割き、成果を上げるためのエッセンスをまとめました。本書がアプリ領域でマーケティングに従事するすべてのみなさんにとって、学びのある一冊となれば幸いです。

2021年12月　森下 明

いちばん やさしい アプリマーケティング の教本

人気講師が教える
スマホアプリ収益化の大原則

Contents
目次

Chapter 1 アプリマーケティングの現状を理解しよう

page 11

Chapter 2 アプリ広告の仕組みを理解しよう
page 27

Chapter **5** ┊ **Twitter広告でアプリの
インストールを増やそう** ┊ page **103**

Chapter
9 アプリの投資回収に
ついて考えよう

page
169

Chapter

1

アプリマーケティングの
現状を理解しよう

今、アプリを取り巻くビジネス
環境はどのようになっているの
でしょうか？ その環境にいる
人々の業務や課題を取り上げな
がら、アプリマーケティングの
現状を探ります。

モバイルアプリがビジネスで重視される背景を理解しよう

このレッスンの
ポイント

多くの人がスマートフォンを所有し、モバイルアプリ（スマホアプリ）を日常的に使うようになりました。2020年以降はコロナ禍によりアプリの利用時間がさらに増え、アプリ間での競争はさらに熾烈なものになっています。

○ デジタル消費の主戦場はパソコンからスマートフォンへ

私たちが日常的に使うデジタルデバイスが「パソコンのみ」であったのは、すでに遠い過去の話です。現在ではビジネス、プライベートを問わず、「パソコンとスマートフォンの両方」を使いこなすのが当たり前になったというのは、誰もが納得する事象ではないかと思います。

そして、パソコンとスマートフォンのうち、多くの人にとってスマートフォンのほうが触れている時間が長いというのも、ここ数年で顕著になってきた傾向です。著者が知る調査資料（図表01-1）によれば、

ユーザーがデジタルデバイスを使用する時間全体のうち、スマートフォン（モバイルデバイス）の使用時間が占める割合は78%とされます。

また、スマートフォンを使用する時間全体のうち、アプリが占める割合は90%と報告されています。これはスマートフォンのユーザーが、SafariやChromeといったWebブラウザーではなく、App StoreやGoogle Playから提供されているアプリを利用する時間のほうが圧倒的に多い、ということを示しています。

▶ モバイルデバイスとアプリの利用傾向　図表01-1

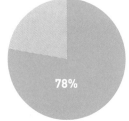

ユーザーがデジタルデバイスを
使用する時間全体のうち、
モバイルデバイスの使用時間が占める割合

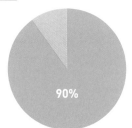

ユーザーがモバイルデバイスを
使用する時間全体のうち、
アプリの使用時間が占める割合

● Webブラウザーよりもアプリのほうが利用時間が長い

モバイルアプリの利用傾向について、別の資料にも当たってみましょう。ニールセンデジタル株式会社の調査（**図表01-2**）によると、2018年12月時点において、日本のユーザーの1日あたりのスマートフォン利用時間は3時間4分。このうち、Webブラウザーとアプリの内訳は、それぞれ16%と84%でした。

これが2019年12月時点においては、利用時間が3時間46分に増えているだけでなく、Webブラウザーとアプリの内訳が8%と92%に変化しています。利用時間に占めるアプリのシェアは8ポイント増加しており、アプリの重要度がますます高まっていることがうかがえます。

▶ **モバイルデバイスにおけるWebブラウザーとアプリの利用傾向** 図表01-2

2018 年 12 月

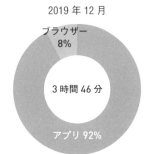

2019 年 12 月

出典：Nielsen｜若年層を中心にアプリの利用が拡大～ニールセン スマートフォンのアプリ利用状況を発表～
https://www.netratings.co.jp/news_release/2020/03/Newsrelease20200324.html

> みなさんも自身の行動を振り返ると、スマホでは9割以上の時間をブラウザー以外のアプリに費やしているのではないでしょうか？

👍 ワンポイント　スマホ＋VODの「ながら見」も習慣に

スマートフォンやアプリの普及と並行して、NetFlixやAmazonプライム・ビデオといったVOD（ビデオ・オン・デマンド）サービスも浸透してきました。みなさんもテレビでNetFlixを見ながら、スマートフォンのTwitterアプリを操作する……といった経験があると思いますが、こうした「ながら見」も近年のユーザー行動として顕著です。こうした複数の端末を同時に行き来するユーザーを、マーケターはビジネスの対象とする時代になりました。

● コロナ禍によってモバイルシフトが急速に進んだ

2020年、新型コロナウイルスの世界的な流行は、モバイルアプリの分野にも影響を与えました。多くの人が外出を控え、自宅内で過ごすシチュエーションが増えたことで、モバイルアプリのインストール数や利用時間が増加し、課金傾向もより顕著になっているのです。

App Annieのレポート（図表01-3）によると、2020年において世界中のスマートフォンユーザーが新規にアプリをダウンロードした回数は、実に2,180億回にも上ります。さらに、アプリに対して1,430億ドルもの金額を消費し、ユーザーあたりの日次消費時間は4.2時間となっています。

年間の成長率では、ダウンロード数、消費金額、日次消費時間のそれぞれで7%、20%、20%の増加となりました。これは2019年以前における年間成長率の2〜3倍に相当します。つまり、2020年という単年で、2〜3年分の成長を一気にしたということです。これらは世界での数値ですが、日本でも同様のモバイルシフトが進んだことは想像に難くありません。

▶ モバイルアプリ市場の概況（2020年）図表01-3

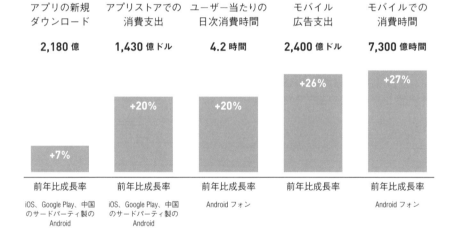

アプリの新規 ダウンロード	アプリストアでの 消費支出	ユーザー当たりの 日次消費時間	モバイル 広告支出	モバイルでの 消費時間
2,180 億	**1,430** 億ドル	**4.2** 時間	**2,400** 億ドル	**7,300** 億時間
+7%	+20%	+20%	+26%	+27%
前年比成長率	前年比成長率	前年比成長率	前年比成長率	前年比成長率
iOS、Google Play、中国 のサードパーティ製の Android	iOS、Google Play、中国 のサードパーティ製の Android	Android フォン		Android フォン

出典：App Annie｜モバイル市場年鑑2021 ニューノーマル時代にモバイルで成功を収めるには
https://www.appannie.com/jp/insights/market-data/state-of-mobile-2021/

コロナ禍により「おうち時間」が増えたことで、スマホでの動画視聴やゲームの時間が増えたという人は多いでしょう。

半数以上のアプリはインストール後30日以内に削除される

ここまで、ユーザーの可処分時間がモバイルアプリへと急速にシフトしている事実を、3つの資料をもとに紹介してきました。一方で、モバイルアプリ間での可処分時間の奪い合いは、2021年現在において熾烈を極めています。

それを端的に表すのが、アプリがアンインストールされる割合です。AppsFlyerの調査によると、新規にインストールされたアプリが30日以内にアンインストールされる割合は、コロナ禍を境に40%台から50%台へと増加しています。アプリのジャンル別ではゲームがもっともアンインストール率が高く、SNS、教育、健康・フィットネスなどが続きます。主にゲームアプリを手がける筆者も、このデータと同様の状況に直面しているところです。

モバイルアプリの成否が企業の業績を左右する時代に

「デジタルデバイスとして、より多くの人がPCではなくスマートフォンを利用し、Webブラウザーよりもアプリストアからインストールしたアプリを好んでいる。この傾向はコロナ禍を経て急速に進行しているが、一方でアプリ間での競争も激化している」——。2021年現在における、モバイルアプリを取り巻く市況を俯瞰すると、このようになります。

アプリ間での競争の激化は、アンインストール率だけでなく、　利用継続率や「DAU」(Daily Active User)、すなわち「1日あたりのアクティブユーザー数」からも見てとれます。アンインストールはされていなくても、ユーザーが自社アプリから競合アプリへと離反し、戻ってこないような状況も、筆者は経験しています。また、個人情報保護の流れから、今までネット広告のターゲティングに使われてきたスマートフォンの端末識別子の利用に制限がかかるなど、さまざまな変化が訪れています。

まさに私たちは、モバイルアプリの成否が企業の業績を大きく左右する時代に生きているのです。

本書で「アプリマーケティング」について学ぶことで、今後のモバイルアプリ市場で戦うための武器を備えてください！

02 [アプリマーケティングとは]
アプリマーケティングとは何かを理解しよう

**このレッスンの
ポイント**

本書のテーマである「アプリマーケティング」は、人によって解釈が異なる場合がある言葉です。読者のみなさんが知りたいことと、筆者が伝えたいことにズレがないよう、ここで定義や意味の大枠を整理しておきます。

⭕ 顧客に価値を提供することで利益を追求する

筆者は現職を含め、一貫してマーケティングに関連する業務に従事してきました。筆者の考えるマーケティングとは、「顧客に価値を提供すること」で売上や利益を最大化する行為です。

よって、アプリマーケティングとは、モバイルアプリを用いつつ「顧客に価値を提供すること」で売上や利益を最大化す

る行為、と定義できます。そして、ここでの「顧客に価値を提供すること」とは、顧客の意識データ、行動データ、課金データという3種類のデータを活用し、最適なUI（ユーザーインターフェース）とUX（ユーザーエクスペリエンス）を提供することだと、筆者は考えています。（**図表02-1**）

▶ アプリで顧客に価値を提供するイメージ **図表02-1**

開発 　　プロモーション 　　分析 　　改修 　　顧客への
価値提供

ある時間軸の中で、売上や利益がどのように推移するのかにアンテナを張ることがマーケターの基本的な姿勢です。

○ アプリマーケティングの実行役であるアプリマーケター

本書は読者対象として、アプリマーケティングの実行役である「アプリマーケター」と呼ばれる人々を想定しています。このアプリマーケターが誰を指しているのかも整理しましょう。

こうして本書を手に取ってくださったみなさんは、何かしらモバイルアプリを用いたビジネスをしている、あるいは、する予定のある人々だと思います。その関わり方としては、アプリを開発するプロデューサー、ディレクター、プランナー、UI/UXデザイナー、エンジニアであったり、プロモーション・広報の担当者、またはプロモーションを任された広告代理店・媒体社の営業マンやコンサルタント、さらには広告効果を測定するためのツールベンダーの人もいるかもしれません。

実は、筆者が考えるアプリマーケターとは、これらすべての人々が該当します。つまり、本書はモバイルアプリに関わるすべての人々に対して書かれた書籍です。

○ アプリに関わるすべての人々がアプリマーケターである理由

アプリは、さまざまなスキルを有した人々の知的生産によって開発されます。そして、そのアプリが顧客にインストールされ、定期的に起動し続けてもらい、課金や広告の視聴をしてもらうことで、売上が上がります。

アプリマーケティングにおいては、対象となる時間軸において売上から費用（コスト）を差し引いたときに利益が出るかどうかが論点となります。非営利企業でない限り、企業はアプリの開発費をいつまでに償却するのか、いつからどの程度の黒字になるのかを、株主に対して説明する必要があるからです。

アプリビジネスに関わるすべての人々は、自身が行っている活動がどの程度のコストを要するのか、そのコストを投資した結果、どの程度アプリの売上に貢献するのかを言語化できなければなりません。そうでなければ、自身の活動はコストばかりかかり、売上や利益には貢献できていないことと同義です。

アプリビジネスに関わるすべての人々は、ぜひこの視点を忘れないようにし、アプリマーケターである自覚を持ってビジネスに臨んでいただければと思います。

アプリマーケター＝「アプリのプロモーションや広報宣伝担当者」と思われがちですが、それは間違いです。

03 モバイルアプリの種類を理解しよう

このレッスンのポイント

前レッスンではアプリマーケティングを定義しましたが、ここではアプリそのものについて、本書における定義をあらためてまとめます。アプリが持つビジネス上の目的によって、大きく2つのタイプに分けられます。

○ アプリ単体でマネタイズするか、UX向上に寄与するか

アプリは「アプリケーション」の略語で、本来はデジタルデバイスにおけるOS（基本ソフト）に対する応用ソフトのことを幅広く指す言葉です。しかし、本書ではスマートフォンをはじめとした、モバイルデバイスで利用するアプリを指して「アプリ」と呼ぶことにします。

そして、App StoreやGoogle Playでは、実に多種多様なアプリが提供されています。ゲーム、ニュース、SNS、ショッピング、ビジネス、ファイナンス、ヘルスケア……と挙げ始めたらキリがありませんが、本書ではそれらすべてのアプリに対応で

きる、本質的なアプリマーケティングを解説していきます。

ただし、アプリには大きく分けて2つのタイプがあり、それによってアプリマーケティングへの向き合い方が異なってくることを、最初に理解してください。本書では、下図の左側にある「アプリ単体でのマネタイズを目的とするタイプ」と、右側にある「自社事業のUX向上を目的とするタイプ」の2つを、アプリマーケティングの対象となるアプリとして定義します（図表03-1）。

▶ 2つのアプリの種類 図表03-1

ゲーム
　「ウマ娘」「モンスターストライク」など
メディア
　「スマートニュース」「グノシー」など
フリマ
　「メルカリ」「ラクマ」など
サブスクリプション
　「Netflix」「Spotify」など

アプリ単体でマネタイズ

楽天経済圏を支えるアプリ
　「楽天市場」「楽天カード」など
Google経済圏を支えるアプリ
　「Gmail」「Googleドライブ」など
実店舗の支援アプリ
　「スシロー」「マクドナルド」など

自社事業のUX向上

単体でマネタイズするタイプの代表例はゲームアプリ

アプリ単体でのマネタイズを目的とするタイプの代表例は、ゲームアプリです。「ウマ娘 プリティダービー」や「モンスターストライク」などが思い浮かびますが、これらはゲーム内のアイテムなどを購入するためのアプリ内課金が主な売上となります。

また、「スマートニュース」や「グノシー」といったニュースアプリも、同じタイプのアプリといえます。ユーザーが直接課金するわけではありませんが、アプリ内に表示される広告や、タイアップ記事から得られる掲載料で、アプリ単体でのマネタイズを実現しています。

加えて、フリマアプリの「メルカリ」も同じタイプのアプリと考えていいでしょう。正確には、商品販売額の10%を出品手数料として徴収するプラットフォームビジネスなので、アプリそのものが収益を生むわけではありません。しかし、メルカリという企業の根幹となる事業を担うアプリであるため、アプリ単体でのマネタイズを目的としていることと同義と考えて差し支えないでしょう。

UX向上タイプは自社のバリューチェーンとして機能

自社事業のUX向上を目的とするタイプの具体例としては、楽天グループが提供する「楽天市場」「楽天カード」「楽天証券」などのアプリが挙げられます。いわゆる「楽天経済圏」を支えるアプリ群で、楽天の事業活動におけるバリューチェーンの一部として機能しています。

これらはスマートフォンのWebブラウザ経由でユーザーに使ってもらっても、それぞれの事業（サービス）は成立するはずです。しかし、レッスン01で述べたとおり、ユーザーの92%はアプリを利用し、ブラウザは使っていない状況を鑑みると、アプリを提供しないことはユーザーのUXを低下させ、事業にとってマイナスの影響を与えます。アプリを提供することでUXを向上させるとともに、競合他社のサービスへの離反も抑えていると考えられます。

ほかにも、実店舗を持つ外食産業において、来店の予約やテイクアウトの注文を行うアプリも、UX向上を目的としたアプリに分類できます。回転寿司の「スシロー」のアプリなどが好例で、これらではアプリ単体での収益化ではなく、いかに多くの顧客にアプリを使ってもらい、来店やテイクアウトをしてもらうかが最終的なゴールとなります。

上記のタイプがどちらにせよ、アプリを通じて自社ビジネスの売上や利益を最大化することがマーケターの仕事です。

[アプリマーケターの業務]

アプリマーケターの
具体的な業務を理解しよう

このレッスンの
ポイント

本書では、アプリに関わるすべての人々がアプリマーケターであると考えますが、具体的にどのような業務を担っている人を指すのかが、分かりにくいかもしれません。ここから2つのレッスンで例を見ていきます。

○ アプリマーケ初心者の「山下さん」と経験者の「川上さん」

アプリマーケティングの具体的な業務をイメージしてもらうために、モデルとなる架空の人物を2人、設定したいと思います。ECショップの購買担当をしている「山下さん」と、ゲームアプリのプロモーションを担当している「川上さん」です（図表04-1）。

山下さんの勤務先は消費財のメーカーで、自社商品を販売することが本業なので、アプリそのものによるマネタイズは目的としていません。しかし、「今後はECもアプリ化が重要だから」という会社の意向により、アプリ関連のチームに兼務で配属となりました。アプリマーケティングに関しては初心者です。

一方の川上さんは、ゲームアプリのプロモーションを担当して3年目になる、アプリマーケティングの経験者です。主に、アプリのインストールを促すためのネット広告である「アプリ広告」の運用と最適化に取り組んでいます。専門用語はひと通り理解しており、さらにスキルを磨いてキャリアアップしたいと意気込んでいるところです。

▶ 2人の架空のアプリマーケター 図表04-1

初心者の山下さん
・消費財メーカー勤務
・自社 EC アプリの新任担当
・他の業務と兼務
・アプリ広告の運用経験なし

経験者の川上さん
・ゲームアプリメーカー勤務
・プロモーション部門で 3 年目
・アプリ広告の最適化に日々取り組む
・損益計算にはノータッチ

● 山下さんの最初の業務はアプリ広告の運用

山下さんの業務を、より具体的に見ていきます。山下さんが担当するECショップのアプリでは、インストール数を増やすため、小規模ながらアプリ広告の運用を始めており、山下さんの上司が運用に取り組んでいました。そしてある日、上司から「アプリ広告の理解のため、一緒に広告運用に取り組んでほしい。徐々に私から山下さんに引き継いでいきます」との話がありました。

アプリ広告では、FacebookやTwitterといったSNSのほか、AppleやGoogleが保有するアプリ向けの広告枠に対して、自社アプリの広告を配信していきます。しかし、

山下さんはまず「広告を運用する」という言葉の意味が分かりません。上司から教えられた、各広告媒体の管理画面にログインしてみても、そこに並んでいるカタカナやアルファベットの専門用語に大苦戦。数字が羅列されているレポートも、どう読み解けばいいのか……と頭を抱えてしまいました。

上司に相談したところ、「まずはCPI（Cost Per Install：インストール単価）が安い広告媒体に予算を集中投下するところから始めてみて」と言われ、その通りにするしかないという状態です。

● アプリ広告の目的はインストールを増やすこと

数か月後、山下さんのチームには広告代理店のコンサルタントも加わり、山下さん自身もアプリ広告の運用に慣れてきました。

コンサルタントのアドバイスによれば、アプリ広告を含む運用型のネット広告においては、「どこにターゲティングするか」「いくらで入札するか」「どのようなク

リエイティブで広告を配信するか」の3点が重要だとのこと。これら3つの変数を駆使することで、安いコストで、最大の成果（インストール数）を得るための「最適化」が可能になります。

山下さんは引き続きアプリ広告への理解を深めるべく、今後も学んでいこうと気合十分です。

実務経験の差によって直面する課題は異なります。山下さんはアプリマーケティング関連の用語に関する知識不足と、運用型広告の基本的な概念の2点が足りていませんね。

川上さんの悩みはアプリ広告からの利益創出

一方、川上さんが担当するゲームアプリは、リリースしてから1年が経過しています。アプリストアのランキングでは、ゲームジャンルで30位以内に食い込むなど、健闘しているようです。

その成果の一端を担っているアプリ広告の運用は、川上さんがひとりで行っています。広告の成果には満足しているものの、最近になって広告予算の圧縮をプロデューサーから求められているのが悩みの種。プロデューサーに理由を聞くと「利益を出すため」とのことでした。

川上さんは、その理由には納得できるものの、そもそもどのくらいの利益が出ていればいいのか、計算する方法が分かりません。「競合はいったいどのような基準で毎月の広告予算を決めているのだろうか?」という疑問も湧いてきます。今後、自社のゲームアプリをさらに成長させるには、アプリ広告以外の手法も学ぶ必要があるのでは……と、川上さんは新しい課題を認識しているところです。

広告の成果を出すためには顧客理解が大事

とはいえ、川上さんの目下の業務は、アプリ広告の最適化を日々行い、各広告媒体の管理画面に並んだ数字とにらめっこをしながら、CPIを少しでも下げる方法を考えることです。そこでふと、ある広告媒体におけるCTR（Click Through Rate：広告のクリック率）が、先週と比較して著しく低下していることに発見します。

そこで川上さんは、現在配信している動画広告のクリエイティブをしばらく差し替えていないため、ユーザーに飽きられた結果、クリックされなくなったのだろうという仮説を立てました。さっそく広告代理店に相談し、新しいクリエイティブを制作してほしいと依頼します。

しかし、代理店から「どのような訴求をする動画がいいですか?」と確認されたとき、川上さんは自社のゲームアプリのユーザーがどのような動画に興味を持っているのか、あまり意識したことがなかったことにあらためて気付きました。ユーザーがどのようなクリエイティブに興味があるのか、常に顧客視点で考える必要性があると、川上さんは反省とともに感じているところです。

アプリ広告の管理だけでは、単なるプロモーション担当にすぎません。川上さんはステップアップのために、顧客理解や利益創出に対して理解を深める必要があります。

Lesson 05

[アプリマーケターの課題]

アプリマーケターが直面する 4つの課題を理解しよう

このレッスンの ポイント

前レッスンでは、アプリマーケターの具体的な業務について、山下さんと川上さんというモデルを登場させて解説しました。この2人が持つ業務上の悩みは、本レッスンで述べる「4つの課題」に分類することが可能です。

課題①:アプリ広告に関する理解不足

まず、アプリマーケティングの初心者である山下さんは、自社アプリのインストール数を増やすため、アプリ広告の運用を任されたことに困惑していました。アプリマーケターが直面しがちな「4つの課題」の1つ目は、この「アプリ広告に関する理解不足」です。

アプリ広告を運用するにあたっては、前レッスンでも述べた「CPI」のほか、「IMP」「CTR」「CVR」「アトリビューション」「LTV」など、覚えるべき専門用語がたくさんあります。山下さんの気持ちとしては、「アプリ広告にはとにかく難しい用語が多くて、1つ1つ上司に確認していたらキリがない」といったところでしょう。

また、アプリ広告の成否を分けるポイントとして、山下さんは代理店のコンサルタントから「ターゲティング」「入札」「クリエイティブ」という3つの変数があることを教えられました。しかし、実際に運用した経験がない状態では、それらの変数をどう調整すればいいのか、結果の良しあしをどう判断すればいいのか、まったく見当が付かないというのが正直なところではないでしょうか。

本書では専門用語の意味を本文中の随所で解説していますが、登場するたびに解説するのは難しいため、巻末に「用語集」を用意しています。あわせて参照してください。

NEXT PAGE →

● 課題②：自社のアプリそのものに関する理解不足

次に、経験者である川上さんは、アプリ広告の運用に関しては自信があるものの、その予算（広告費）の圧縮をプロデューサーから求められていることに悩んでいました。予算圧縮の理由は「利益を出すため」とのことですが、どうしたら利益が出るのか、どの程度の利益が出ていればいいのかが分かりません。4つの課題の2つ目は、こうした「自社のアプリそのものに関する理解不足」です。

アプリの売上や利益を最大化するために、多くのマーケターはアプリ広告に代表されるプロモーションの施策に注力します。しかし、アプリ広告のみで売上や利益を最大化できるかというと、難しいと言わざるを得ません。なぜなら、自社のアプリそのもの、つまり「プロダクト」がよいものでなければ、いくら広告にお金を掛けても売上が上がらないからです。

筆者はこの状況を説明するために「底の抜けたペットボトル」の例え話をよくします（図表05-1）。ペットボトルがアプリのクオリティを意味し、注ぐ水がインストール数を表しています。そして水がたまった状態が、アプリからユーザーが離脱せず、満足して使用している様子を示します。つまり、この状態があるべき姿であり、売上が最大化されている状態と捉えてください。

しかし、ペットボトルの底が抜けていたり、側面に大きな穴が空いていたりしたら、一向に水はたまりません。アプリ広告によってインストールという名の水を流し込む前に、顧客がアプリから離反する原因となる致命的な UI/UX の欠陥（大きな穴）をふさぐ必要があるわけです。アプリの欠陥がある程度なくなり、水が十分にたまるペットボトルになってから、プロモーションという給水をするのが正しい順序です。

アプリマーケターはアプリを直接開発する立場にはありませんが、アプリのクオリティ向上やアップデートといった改修について、開発側に提案ができる人物であるべきだと、筆者は考えています。

▶ **アプリそのものと広告はペットボトルと水に例えられる** 図表05-1

アプリ広告による
インストール
↓
注がれる水

ペットボトル
↓
アプリそのもの

水がたまった状態
↓
アプリからユーザーから離脱せず、
満足して使っている状態。つまり、
売上が最大化されている状態

ペットボトルに穴が開いた状態
↓
アプリからユーザーが離反する
原因となる、致命的な UI/UX の
欠陥がある状態

課題③：アプリのユーザー（顧客）に関する理解不足

川上さんにはもう1つ、アプリ広告のパフォーマンス低下という悩みもありました。そこから浮かび上がるのが、4つの課題の3つ目「アプリのユーザー（顧客）に関する理解不足」です。

アプリ広告の運用に慣れていくと、ターゲティングや入札、クリエイティブの良しあしを管理画面に並んだ数字のみで判断する思考に陥りがちです。しかし、ユーザーがアプリに何を求め、何に満足しているのかを正しく理解していなければ、多くの施策が机上の空論で終わります。

アプリのデータ分析やアンケート調査などにより、ユーザーの行動特性や意識の違いを把握することは可能です。アプリマーケターにとって、こうした顧客理解は必須といえます。

課題④：アプリの投資回収に関する理解不足

4つの課題の最後は、山下さん、川上さんに共通する「アプリの投資回収に関する理解不足」です。前レッスンで明確な記述はしていませんが、多くのアプリマーケターが潜在的に抱えている課題といえます。

この課題は「自社のアプリビジネスが儲かっているのかどうか分からない」と言い換えてもいいでしょう。アプリマーケターとしては、アプリ広告などのために投資した費用が、アプリが生み出す売上に対して多いのか少ないのか、最終的にきちんと利益が出るのかを把握していなければなりません。

広告費や売上だけでなく、AppleやGoogleのプラットフォーム手数料、開発に要した人件費などを、マーケター自身が理解しておくべきです。特にゲームアプリでは、アプリをクローズ（サービス終了）する時期を見据えて、いつまでに広告費を回収しなければならないのかを予測する必要もあります。

このようなことを、筆者は「アプリマーケターが持つべき会計知識」として、講演などで解説した機会がありました。アプリビジネスについての粗利益や営業利益を計算でき、利益が出ない原因が過剰な広告費にあるのか、開発人員が多すぎるからなのか……などを特定できるスキルは、その道のプロとしてアプリマーケターがぜひ持っておきたい知識といえます。

> ここまでを読んで「自分が感じている課題と同じだ」と思っていただけたなら、みなさんにとって本書が役に立つはずです！

ⓘ COLUMN

アプリマーケティングの専門用語は「九九」と同じ

本書を手に取っていただいた多くのみなさんは、アプリマーケティングという業務になじみがない、もしくはキャリアを積み始めたばかりではないかと思います。かつては筆者自身もそうでしたが、この業務において最初にくじけそうになったのが「専門用語が多すぎる」という問題です。

2014年、筆者はネット広告代理店において、アプリマーケティングの営業部隊の立ち上げをしていました。当時は今ほどアプリビジネスの市場が成熟していたわけではないので、筆者を含め、周囲の皆が分からないながらも知識を吸収しながら、何とか業務をこなしている状態でした。

今でも鮮明に覚えているのですが、当時の先輩社員が筆者に次のようなことを言ってきました。

「クライアントのA社が配信しているB媒体のCPIが悪化しているんだけど、クリエイティブの摩耗でCTRが低下してIMPが出なくなったんだと思う。ROAS目標から乖離してきたから、対策を一緒に考えよう」

そのとき筆者は、何かの呪文を掛けられたのかと思考停止したことを覚えています。CPI、CTR、IMP、ROASといったアルファベット略語に代表される多数の専門用語は、これからアプリマーケティングに取り組もうとする人に立ちはだかる、最初の壁となることは間違いないでしょう。

しかし、これらはもう「覚えるしかない」というのが筆者の結論です。アプリマーケティングに取り組む人にとって、専門用語は掛け算の「九九」のイメージに近いでしょう。それぞれの用語の意味を理解するだけでなく、会話や資料の中で無意識に使える状態にする必要があります。

例えば、CTRは意味としてはクリック率ですが、それだけの理解では不十分です。「計算式としてクリック数÷インプレッション（IMP）で求める割合（%）の指標であり、1（100%）に近いほどよい状態。また、CTRの相場感は○のケースなら△%程度、□のケースなら◇%程度であり、その相場感から大きく外れた場合は確認する必要がある」……といった思考が無意識にできてこそ、業務が成立します。

専門用語はアプリマーケティングの基礎であり、その体得からは逃れられません。最初から腹をくくって取り組んでいただいたほうが、今後のキャリアも広がるのではないかと筆者は思います。

筆者もみなさんと同じように、右も左も分からない状態からスタートしました。本書巻末の「用語集」のほか、Webメディアの記事なども参照して理解を深めていってください。

Chapter

2

アプリ広告の仕組みを
理解しよう

アプリマーケティングに取り組むうえでの基本となる「アプリ広告」について理解しましょう。広告費を投資することでアプリのインストールを促進し、売上や利益の起点を作ります。

ネット広告市場とアプリ広告の位置付けを理解しよう

このレッスンの
ポイント

アプリ広告はネット広告（インターネット広告）の一種ですが、ぼんやりとした理解のままだと、今後の解説を読み誤ってしまうかもしれません。本レッスンではネット広告の市場を俯瞰し、アプリ広告の位置付けを学びます。

○ ネット広告の市場はすでにテレビCMを凌駕している

みなさんの中には、モバイルアプリ以前にWebサイトなどのマーケティングに携わり、ネット広告の運用経験がある人もいるかもしれません。ただ、本書ではそのような経験がないことを前提に解説を進めます。なお、ネット広告と似た言葉に「オンライン広告」「デジタル広告」「Web広告」などがありますが、ネット広告に表現を統一して記述します。

それでは、日本の広告市場全体を時系列で追って理解しましょう。下図は2016～2020年における広告費のカテゴリ別推移ですが、ネット広告は2018年から2019年にかけて、ついにテレビCMを抜きました（図表06-1）。いわゆる「4マス」（新聞、雑誌、ラジオ、テレビの4媒体）がダウントレンドであるのに対し、ネット広告は右肩上がりでの成長を続けています。

▶ 日本の広告費の推移 図表06-1

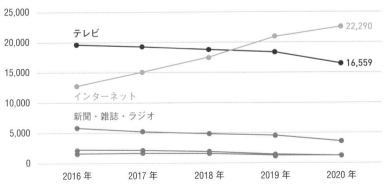

出典：電通｜日本の広告費
https://www.dentsu.co.jp/knowledge/ad_cost/

● ネット広告費のうち7割がモバイル広告に投資される

次に、ネット広告の種類について理解しましょう。ネット広告は表示されるデバイスにより、「モバイル広告」と「デスクトップ広告」の2つに大別されます。

また、モバイル広告とデスクトップ広告のそれぞれが、「成果報酬型広告」と「検索連動型広告」「ディスプレイ広告」「動画広告」という種類に細分化できます。これらの種類については本レッスンで追って述べます。

モバイル広告とデスクトップ広告、さらに4つの種類に分類したときの広告費の内訳を示したのが、下図の 図表06-2 です。

左側の棒グラフから分かるとおり、ネット広告の費用の7割はモバイル広告に投資されており、中でも検索連動型広告とディスプレイ広告のシェアが大きいことが分かります。

なお、本書で主に扱うアプリ広告は「アプリ向け広告」とも呼ばれ、「アプリのインストールに適した広告」という意味になります。下図のモバイル広告の中には、Webブラウザーに表示されるアプリ向け広告と、アプリ内に表示されるアプリ向け広告の両方が含まれますが、本書では両者を兼ねてアプリ広告と表現します。

▶ ネット広告費のデバイス別・種類別の構成比（2018年） 図表06-2

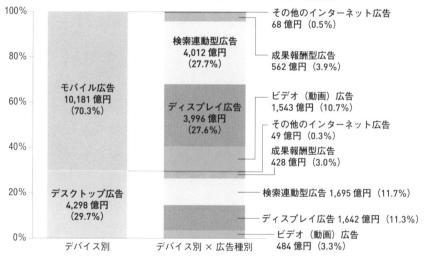

その他のインターネット広告
68億円（0.5%）

検索連動型広告
4,012億円
（27.7%）

成果報酬型広告
562億円（3.9%）

モバイル広告
10,181億円
（70.3%）

ビデオ（動画）広告
1,543億円（10.7%）

ディスプレイ広告
3,996億円
（27.6%）

その他のインターネット広告
49億円（0.3%）

成果報酬型広告
428億円（3.0%）

検索連動型広告 1,695億円（11.7%）

デスクトップ広告
4,298億円
（29.7%）

ディスプレイ広告 1,642億円（11.3%）

ビデオ（動画）広告
484億円（3.3%）

デバイス別　　　デバイス別 × 広告種別

出典：D2C｜2018年 日本の広告費 インターネット広告媒体費 詳細分析
https://www.d2c.co.jp/news/2019/03/14/3378/

モバイル広告、デスクトップ広告のいずれも、検索連動型広告とディスプレイ広告のシェアが大きいですね。この2つの手法はネット広告の基本です。

ネット広告の取引手法の主役は「運用型」

ネット広告の種類について、さらに詳細に見ていきます。下図はネット広告を取引手法を軸とした3つに分類した場合の、広告費の内訳を表しています（**図表06-3**）。3つの取引手法には前掲の**図表06-2**にも登場した成果報酬型広告のほか、「予約型広告」「運用型広告」が含まれます。

成果報酬型広告は、「アフィリエイト広告」という名称のほうがなじみがあるかもしれません。その名の通り、ユーザーが広告をクリックし、それが実際に購入や会員登録などの成果に結びついた場合に、広告主にとっての費用（広告媒体にとっての報酬）が発生します。

予約型広告は、マーケティングの世界では「純広告」とも呼ばれます。広告の掲載期間を指定でき、ある一定の表示回数（IMP）を保証するといった、昔ながらの広告に近い取引手法です。指定した広告枠で必ず露出できるという性格上、プロモーションを集中投下したいタイミングでよく用いられます。

特筆すべきなのが、運用型広告のシェアです。2019年の時点で79.8%と圧倒的ですが、2020年には82.9%と、さらに増しています。ネット広告の取引手法としては、運用型広告が完全に主流であるということが分かります。

▶ ネット広告費の取引手法別の構成比 図表06-3

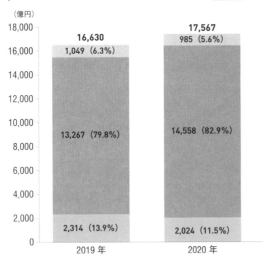

出典：電通｜2020年 日本の広告費 インターネット広告媒体費 詳細分析
https://www.dentsu.co.jp/news/release/2021/0310-010348.html

運用型広告の知見を深めずして、アプリマーケティングの成功はないことが容易に想像できますね。

Chapter 2　アプリ広告の仕組みを理解しよう

○ 配信フォーマットは動画へのシフトが進む

ネット広告費の内訳を、配信フォーマットまで加えて図示したのが、以下の 図表06-4 です。図表06-2 にも登場した検索連動型広告、ディスプレイ広告、動画広告の3つが、運用型広告に該当します。運用型広告のうち、もっともシェアが大きいのは検索連動型広告ですが、2019年から2020年にかけてポイントを減らして

います。一方でディスプレイ広告、特に動画広告がシェアを伸ばしていることに注目してください。動画広告は、静止画を中心とするディスプレイ広告と比較してリッチな表現ができるため、ユーザーの態度変容を促しやすいと考えられており、多くのネット広告が動画フォーマットにシフトしているところです。

▶ **ネット広告費の取引手法別・フォーマット別の構成比** 図表06-4

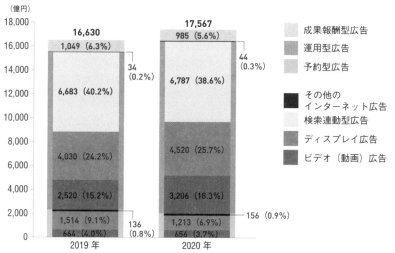

出典：電通｜2020年 日本の広告費 インターネット広告媒体費 詳細分析
https://www.dentsu.co.jp/news/release/2021/0310-010348.html

○ アプリ広告の市場は1兆円規模と推計できる

日本のネット広告市場について一気に振り返りました。図表06-1 で見たとおり、2020年のネット広告費は約2兆2,290億円で、図表06-2 では、その70.3%の1兆181億円がモバイル広告に投資されていることが分かっています。

ここからは筆者の推測になりますが、レッスン01で見たようにユーザーのスマー

トフォン利用時間の92%がアプリであると考えると、アプリ広告には1兆181億円の92%、つまり9,367億円の市場が存在すると計算できます。これはネット広告全体の65%ほどに相当します。

マーケターにとって、アプリ広告がいかに学ぶ価値のある分野であるかが理解できるのではないかと思います。

[アプリ面・Web面と広告媒体]

07 アプリ広告の配信面と 種類について理解しよう

このレッスンの ポイント

アプリ広告の種類は数多く存在しますが、優先的に取り組むべきなのはTwitterやFacebookなどの主要SNSと、Apple、Googleが提供する広告プロダクトへの配信です。その他のアドネットワークやDSPと含めて理解しましょう。

○ アプリ広告には2つの配信面がある

読者のみなさんは、アプリ広告と聞いて何を真っ先に思い浮かべるでしょうか？ゲームアプリのプレイ中に表示される広告や、Twitterのタイムライン内の広告をイメージするかもしれません。

それらがいずれもアプリをインストールさせるための広告であれば、本書が定義するアプリ広告に該当します。つまり、アプリ広告には「アプリ面」と「Web面」の2つの配信面が存在します（図表07-1）。例えば、スマートフォンのゲームアプリ

内に表示されるのは、アプリ面の広告です。一方、Twitterにブラウザーでアクセスしたときに表示されるのは、Web面の広告です。ただし、ブラウザーではなくTwitterアプリの起動中に表示されるのは、アプリ面の広告となります。

筆者が米国のデータを調べたところでは、アプリ面とWeb面での広告費の使用比率は、アプリ面のほうが2倍以上となっています。まずはアプリ面への配信を優先的に考えるべきです。

▶ アプリ面とWeb面の違い 図表07-1

Twitterのアプリ（左）と、WebブラウザーでアクセスしたTwitter（右）。アプリ広告の配信面としてはアプリ面とWeb面で区別される

● SNSのアプリはアプリ広告の有力な配信対象

アプリ広告のアプリ面の中でも有力な配信先が、SNSのアプリです。特に、MAUが非常に多いFacebook/Instagram、Twitter、Tiktok、LINEあたりは外せない媒体となります。

例えば、Facebookは実名でのコミュニケーションを前提としているため、ビジネスライクな使われ方をすることが多く、ビジネス系のアプリのプロモーションに向いています。一方、Twitterは匿名性が高く、個人の興味・関心を発信するような使われ方が中心のため、ゲームアプリを中心としたエンタメ系のプロモーションが受け入れられやすいでしょう。このようなSNSの特徴を理解したうえで、自社アプリと相性のよいSNSを選択する必要があります。

さらに、各SNSごとに利用できるターゲティングにも違いがあります。性別・年齢によるデモグラフィックターゲティング、SNS上の回遊行動から類推される趣味嗜好に基づくインタレストカテゴリターゲティングのほか、Twitterには特定のユーザーのフォロワーに広告を配信する「フォロワーターゲティング」が存在するなど、特徴的な手法があります。

● Apple、Googleの広告プロダクトはアプリ広告に必須

アプリ広告の配信対象として、SNSアプリと並んで優先したいのが、AppleとGoogleという2大プラットフォーマーが提供する「Apple Search Ads」とGoogle広告の「アプリキャンペーン」です。両社ともスマートフォンやアプリに対する影響力は絶大であり、ユーザーがアプリをインストールするにあたって、もっとも近い接点を保有しています。アプリ広告を開始するなら必須の媒体です。

Apple Search Adsは「ASA」とよく略され、Appleの「App Store」を媒体とした検索連動型広告となります。手動で検索キーワードを指定するほか、自社アプリと親和性の高いキーワードに自動配信することも可能です。

Google広告のアプリキャンペーンは、Googleが提供する巨大な広告プロダクトであるGoogle広告のうち、アプリのインストールを目的としたキャンペーン全般のことを指します。配信対象にはアプリストアであるGoogle Playはもちろん、Google検索、Googleディスプレイネットワーク（GDN）、YouTubeなども含まれます。

> アプリ広告の媒体は、手を広げると無数に存在します。まずは良質なインストールを効率的に獲得できる主要媒体の知識から身につけましょう。

● さらにインストールを獲得したいときのアドネットワーク

もし、SNSを配信対象としたアプリ広告や、Apple Search Ads、Googleアプリキャンペーンではインストールボリュームが足りない場合、その他のアドネットワークや「DSP」（Demand Side Platform）への配信も検討することがあります。

アドネットワークとは、下図のようにメディアサイトやアプリを多数束ね、それらが持つ広告枠へ配信する仕組みのことです（図表07-2）。アドネットワーク自体はユーザーのデモグラフィックデータや行動データなどを細かく保有していないため、さまざまなセグメントに区切ったターゲティングはできないことが多くなります。ターゲティングの粒度としては、

ゲームアプリ面、ニュースアプリ面、エンタメアプリ面といったアプリのジャンルにとどまり、ユーザーを狙った配信は原則としてできません。

DSPに関しては、「30代の男性」といった人ベースでのターゲティングが可能です。DSPはアドネットワークや個別の広告媒体を一元的に管理している広告主向けのプラットフォームであり、「RTB」（Real Time Bidding）などの技術を用いて最適な広告配信を行います。

なお、アドネットワークやDSPは、アプリ広告を開始するにあたって必須ではなく、優先順位としては下がるため、本書では深く解説しません。

▶ アドネットワークとは 図表07-2

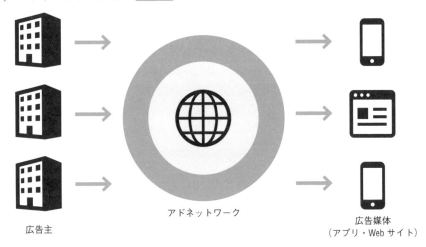

広告主　　　　　　アドネットワーク　　　広告媒体（アプリ・Web サイト）

アプリインストール向けのアドネットワークやDSP は無数に存在します。本書の内容をマスターした次のステップとして、信頼に足る配信先を開拓するのもいいでしょう。

Lesson 08 ［ターゲティング／入札単価／クリエイティブ］
アプリ広告で重視すべき3つのポイントを理解しよう

このレッスンのポイント

> アプリ広告に取り組むうえで欠かせない3つの変数として、ターゲティング、入札単価、クリエイティブがあります。これらを調整することが「運用」であり、アプリのインストール数などの成果を大きく左右します。

○ 広告の配信対象を決めるターゲティング

ターゲティングとは、その媒体を回遊するユーザーのデータを活用し、自社商品への興味・関心が高いであろうユーザーに的を絞って広告配信を行う行為です。代表的なものに、ユーザーの性別・年齢、ユーザーの回遊データを用いるものがあることは前レッスンで述べました。

具体例として、下図にFacebookでターゲティング可能な基本的項目を挙げました（図表08-1）。「利用者情報」「興味・関心」「つながり」など、さまざまなデータの掛け合わせによってターゲティングできることが分かります。

Twitterにおいては、独自の機能として「フォロワー」を軸としたターゲティングが存在します。ほかにも、ユーザーの興味関心やつぶやきに含まれるキーワードなどを軸としたターゲティングで、ユーザーを広告配信の対象にできます。

▶ **Facebookにおける主なターゲティング** 図表08-1

利用者情報
- 地域、国、都道府県、市区町村
- 生年月日、世代
- 交際ステータス
- 卒業、在籍校、学歴、専攻
- 勤務先、役職、業界
- 言語
- 性別

ライフイベント
- 引っ越し、駐在
- 結婚、婚約
- 近日誕生日、記念日を迎える

興味・関心
- 好きなページやアプリ
- ゲーマー、ゲームのジャンル
- アクティビティ
- 興味、好きなもの

つながり
- 特定ページにいいね！した人
- いいね！した人の友だち
- 特定アプリやイベント

端末情報・接続環境
- OS（iOS/Android）
- OSのバージョン
- 携帯端末

● 競合他社とのオークションで参照される入札単価

アプリ広告を含む運用型広告では、広告を配信する枠に対して、複数の広告主間でのオークションが発生します。その勝敗を分けるのが入札単価です。

オークションで他の広告主、つまり競合他社よりも高い入札単価を提示すれば、基本的にWinレート（入札で勝つ確率）が上がります。ただし、一定のしきい値まで入札単価を上げるとIMPのボリュームが伸びなくなるため、どの程度の金額が適切かを検討しながら運用する必要があります。

また、Winレートは入札単価のみで単純に決まるわけではなく、下図に示した「品質スコア」との掛け算で決まることが一般的です（**図表08-2**）。品質スコアとは、ターゲティングしたユーザーや広告枠と

の関連性の高さによってスコアリングされる値です。

1つ具体例を挙げましょう。女性向けのリズムゲームアプリを提供しており、Apple Search Adsで広告を配信するとします。ターゲティングする検索キーワードは「MMORPG」としました。しかし、このケースでは品質スコアが低くなることが予測されます。MMORPGをプレイするユーザーは男性が多い傾向があり、リズムゲームのジャンルとは親和性が認められないからです。

品質スコアが低くなった結果、競合他社と入札単価が同額だったとしても、広告が露出されにくくなることがあります。よって、入札単価と品質スコアを最適化することが求められます。

▶ **入札単価と品質スコアの関係** 図表08-2

入札単価　×　品質スコア　＝　クリック（タップ）単価

入札単価を高くすれば広告の露出（IMP）は増えるが、ターゲティング精度が高くない場合、CTRが低く推移し、結果的にクリック単価は高騰する。CTRが低いと、遷移先のアプリとの関連性が低いと判断され、品質スコアが悪化する原因となるため注意が必要

> 「入札金額×品質スコア＝クリック単価」の関係は、さまざまなネット広告の媒体で成立します。この概念はしっかり理解しておいてください。

⬤ テキスト、静止画、動画などのクリエイティブ

クリエイティブの種類にはさまざまなものがありますが、テキストや静止画、動画を使ったものは、アプリ広告でもよく使われます。また、静止画や動画を左右にスクロールして見せるような「カルーセル」（回転台の意味）のクリエイティブもよく見られます。

それ以外にもTwitterであれば、フォロワーの獲得に最適なフォロワー獲得広告など、特有のクリエイティブが存在します。

また、ゲームアプリなどでは、広告内でゲームの一部が楽しめるプレイアブル広告も有効です。代表的なクリエイティブを下図に示しました（図表08-3）。

アプリ広告ではCPIを安く、インストール数を多く獲得することが目標になりますが、その目標を達成するには動画広告がいいのか、静止画広告がいいのか、といったことを判断し、クリエイティブを制作することが求められます。

▶ **アプリ広告のクリエイティブの例** 図表08-3

動画をクリエイティブとしたApple Search Ads（左）とTwitter広告（上）。現在は動画フォーマットが主流だが、静止画フォーマットもよく使われる

クリエイティブフォーマットの主流は動画です。ただし、静止画の制作と比較すると制作に要する時間が長くなるので、制作リソースの確保が重要になります。

[アプリ広告のコンバージョン]

09 アプリ広告のコンバージョンとは何かを理解しよう

**このレッスンの
ポイント**

みなさんは「コンバージョン」と聞いて、何を思い浮かべるでしょうか？ 意味が分からない人も、すぐに定義が思いつく人もいると思いますが、しばしば議論の的になる用語です。アプリ広告における定義を整理しましょう。

ネット広告のコンバージョンは商品や業界で異なる

アプリマーケティングに限らず、デジタルマーケティング全般で頻出する用語にコンバージョンがあります。本来は「変換」「転換」といった意味ですが、マーケティングにおいては「最終的な成果」を表すとされています。

このコンバージョンの定義は、アプリ広告以外のネット広告においては、商品や業界などによってあいまいになりがちです。例えば、ECサイトなら商品の購入がコンバージョンですが、不動産情報サイトなら新築マンションなどの内覧の申し込みがコンバージョンになるでしょう。結婚情報サイトならブライダルフェアへの申し込み、転職サイトならプロフィールの入力、といった具合です。

アプリ広告ではコンバージョン＝インストールが一般的

一方、アプリ広告のコンバージョンは、アプリのインストールを指すと理解してほぼ間違いがありません（**図表09-1**）。商品がアプリで固定されていますし、ゲームやフィットネス、ビジネスなど、アプリのジャンルに左右されることもまずありません。

しかし、例外として、アプリのインストール以外をコンバージョンとして定義することもあります。例えば「インストー

ル後に初回起動してチュートリアルを突破」したことをコンバージョンとみなす、といったケースです。そのアプリではチュートリアルを突破したユーザー数が売上などのKGIに直接影響を与える場合、このような定義が成立します。

もし、同業者の人と会話していて違和感を感じたなら、「あなたのおっしゃるコンバージョンは○○ですか？」と定義を聞いてみることをおすすめします。

商材の種類	主なコンバージョンの定義
アプリ	インストール、ユーザー登録、サブスクリプション契約
EC・通販	購入の完了、無料サンプルの申し込み
自動車	試乗の申し込み
金融	各種口座の開設、来店の申し込み
ブライダル	フェア（試食会など）の申し込み
学習塾・英会話	体験授業・無料レッスンの申し込み
不動産	内覧の申し込み、資料請求の申し込み
BtoB（法人営業）	お問い合わせ、資料請求の申し込み
人材採用	プロフィールの登録
旅行	宿泊の申し込み後のサンクスページ

コンバージョンの定義は業界によってさまざまです。多様な業界での定義を調べてみると、その業界で大切だとされる指標がわかります。

○ 言葉の定義だけでなく「データ取得の定義」も大切

コンバージョンの定義について、ここまでは言葉としての定義を説明しましたが、もう1つ、見過ごせないことがあります。それは、コンバージョンをどのようにカウントするかという「データ取得の定義」です。

アプリ広告におけるコンバージョン＝インストールを計測する方法は複数存在し、それぞれの数値が一致しないことが頻繁に起こります。例えば、アプリ広告をFacebook広告で配信したとき、Facebookの広告マネージャ（管理画面）で確認できる数値と、それ以外の広告効果測定ツールで確認できる数値は、完全には一致しないことが多いです。

これは、それぞれのツールにおけるデータ取得ロジックの違いによって起こります。ただ、厳密に解決しようとすると徒労になりがちなので、細かいことは気にせず、目的にあったデータの取得方法が何なのかを選別し、決まったツールで確認することを心掛ければOKです。

アプリマーケティングにおいて、コンバージョンの数値は各媒体の管理画面ではなく、次レッスンで述べる広告効果測定SDKで追うのが一般的です。

[広告効果測定SDK]

10 アプリ広告の効果測定に 必須のツールを理解しよう

**このレッスンの
ポイント**

前レッスンでは、コンバージョンは言葉の定義だけでなく
データ取得の定義も大切、という説明をしました。その後
者に関わるのが「広告効果測定SDK」です。聞き慣れない
用語だと思いますが、ここで理解してください。

◯ アプリ内に特定の機能を少ない工数で実装できる

「SDK」とは「Software Development Kit」
の略で、一般に「ソフトウェア開発キッ
ト」と訳されます。アプリマーケティン
グにおいてはソフトウェア＝アプリなの
で、アプリ内に実装したい特定機能の開
発を補助するプログラム集、といった意
味になります。

仮に広告効果測定SDKを利用せず、アプ
リ内で広告の効果測定ができる機能を自
前で開発しようとすると、ゼロベースか
ら仕様書の作成やコードの入力などを行
う必要があり、膨大な工数がかかります。
SDKはそのような工数を省き、容易に実

装することを可能にします。

ちなみに、アプリマーケティングでよく
利用されるSDKは、広告効果測定SDK以
外にも複数存在します。例えば「Facebook
SDK」のような媒体SDK、「MAX」「Tapjoy」
のようなメディエーションプラットフォ
ームとしてのSDK、Googleの「Firebase」
のようなアプリ内分析・Google広告の配
信最適化に特化したSDKなどがあります。
アプリマーケティングで利用するSDKに
はいくつもの種類があり、目的に応じて
併用することがある、と覚えておいてく
ださい。

👍 ワンポイント　SDKとAPIの違い

SDKとよく混同される用語に「API」が
あります。「Application Programming
Interface」の略で、異なるアプリ間で
データをやりとりするための橋渡しと
なるプログラム集、といった意味です。

両者の違いとしては、APIが自社と他社
のアプリを連携させて機能の一部を共
有するのみなのに対し、SDKは自社ア
プリの一部として機能を活用すること
が可能という点が挙げられます。

◯ 広告効果測定SDKはアプリ広告の評価に欠かせない

アプリ広告の効果測定を行うにあたり、広告効果測定SDKをアプリに実装することは、必須と考えてください。理由は「アトリビューション」を考慮したうえで、広告媒体を評価するためです。

アトリビューションとは、アプリ広告の媒体ごとのコンバージョン、つまりインストールへの貢献度を測る手法のことです。以下の 図表10-1 を見てください。

あるユーザーが、3つの異なる媒体のアプリ広告をクリックした後、アプリをインストールしたとします。このとき、Google、Apple、Twitterの管理画面のすべてで「1回のインストールがあった」と計上されます。実際のインストールは1回だけなのに、媒体を合計すると3回あったと重複計上されてしまうのです。

一方、広告効果測定SDKをアプリに実装したうえで、その管理画面で確認すると、Twitter広告に対してのみインストールの成果を計上します。これはアトリビューションの序列に従って、インストールにもっとも近いクリック（ラストクリック）を評価したためです。

このようなルールで広告媒体ごとのインストールへの貢献度を正しく判定し、広告効果を可視化できるのが広告効果測定SDKを利用するメリットです。

▶ アトリビューションを考慮した広告媒体の評価 図表10-1

◯ 代表的なツールは「AppsFlyer」と「Adjust」の2つ

広告効果測定SDKの具体的なツールはいくつか存在しますが、グローバルシェアの高い2つを覚えれば問題ありません。「AppsFlyer」と「Adjust」です。

AppsFlyerはイスラエルに本社を構えるアドテクベンダーで、広告効果測定SDKでは世界1位の企業です。Adjustはドイツのベンダーでしたが、2021年に米国のアドテク企業「AppLovin」の傘下となっています。

両ツールのスペックを比較をすると非常に細かな説明になるため省略しますが、両方の導入経験がある筆者からすると、決定的な違いはないという認識です。社内の導入実績やサポートの充実度なども加味しつつ、導入を検討してください。

Lesson 11 [アプリ広告のレポート]

アプリ広告のレポートの読み解き方を理解しよう

このレッスンの ポイント

アプリ広告の効果測定にあたっては、広告効果測定SDKの実装が前提になりますが、その数値をまとめたレポートをどのように読み解くか、という視点も重要です。筆者が勤務するブシロードでの事例を紹介しつつ説明します。

○ 各媒体と広告効果測定SDKの数値をデイリーで追う

次ページの表は、アプリ広告の効果測定を行うためのレポートのイメージです（図表11-1）。ブシロードでは、各広告媒体の管理画面の数値と、広告効果測定SDKの数値の両方を、このような表形式のGoogleスプレッドシートをひな型とし、デイリーで記入していくことで日々の広告運用の最適化に役立てています。

まず、現時点でアプリ広告費をどのくらい使っているかの全体感が、レポートの冒頭で把握できるようになっています。そして、その内訳が新規配信とリターゲティング配信でどのような比率になって

いるかを明記したうえで、日別の広告費とIMPなどの各指標、CV（コンバージョン）、CPI（インストール単価）などの数値が確認できるようになっています。

日別で各指標が確認できることは、どのKPIがいつ改善したのか、悪化したのかを時系列で理解し、テコ入れすべき課題を明らかにすることにつながります。また、このレポートは全広告媒体の合計値となっていますが、実際のGoogleスプレッドシートには媒体別のシートも用意しており、広告媒体ごとのKPIの良しあしも把握しています。

このようなレポーティングが面倒だから、各媒体の管理画面だけを見ていればいいのではないか、と感じる人もいるかもしれませんが、広告効果測定SDKの数値は必須です。

▶ アプリ広告のレポートの例 図表11-1

ALL

	IMP	CLICK	CTR	CPC	COST	管理画面成果			SDK成果		
						CV	CVR	CPI	CV	CVR	CPI
合算	28,961,684	210,533	0.73%	¥47	¥9,983,582	36,717	17.44%	¥272	23,402	11.12%	¥427
新規配信	25,837,012	200,436	0.78%	¥34	¥6,752,206	20,005	9.98%	¥338	17,271	8.62%	¥391
既存休眠配信	3,124,672	10,097	0.32%	¥320	¥3,231,375	16,712	165.51%	¥193	6,131	60.72%	¥527

新規配信

	IMP	CLICK	CTR	CPC	COST	管理画面成果			SDK成果		
						CV	CVR	CPI	CV	CVR	CPI
iOS	9,906,481	75,248	0.76%	¥41	¥3,080,122	7,138	9.49%	¥432	4,972	6.61%	¥619
Android	15,930,531	125,188	0.79%	¥29	¥3,672,085	12,867	10.28%	¥285	12,299	9.82%	¥299

既存休眠配信

	IMP	CLICK	CTR	CPC	COST	管理画面成果			SDK成果		
						CV	CVR	CPR	CV	CVR	CPR
iOS	1,375,125	4,681	0.34%	¥313	¥1,466,036	6,419	137.13%	¥228	2,479	52.96%	¥591
Android	1,749,547	5,416	0.31%	¥326	¥1,765,340	10,293	190.05%	¥172	3,652	67.43%	¥483

日別

DATE	IMP	CLICK	CTR	CPC	COST	管理画面成果			SDK成果		
						CV	CVR	CPI	CV	CVR	CPI
2021/10/1	1,596,304	7,898	0.49%	¥52	¥410,133	1,658	20.99%	¥247	969	12.27%	¥423
2021/10/2	2,062,780	10,948	0.53%	¥46	¥505,299	2,140	19.55%	¥236	1,305	11.92%	¥387
2021/10/3	2,509,479	13,565	0.54%	¥41	¥550,407	1,841	13.57%	¥299	1,221	9.00%	¥451
2021/10/4	1,713,841	11,553	0.67%	¥36	¥421,054	1,892	16.38%	¥223	1,232	10.66%	¥342
2021/10/5	1,297,600	9,291	0.72%	¥46	¥421,612	1,780	19.16%	¥237	1,132	12.18%	¥372
2021/10/6	1,147,679	8,724	0.76%	¥46	¥401,345	1,734	19.88%	¥231	1,084	12.43%	¥370
2021/10/7	1,404,903	10,242	0.73%	¥39	¥404,461	1,613	15.75%	¥251	1,054	10.29%	¥384
2021/10/8	1,259,188	8,526	0.68%	¥46	¥391,403	1,351	15.85%	¥290	920	10.79%	¥425
2021/10/9	946,502	7,742	0.82%	¥52	¥403,237	1,440	18.60%	¥280	883	11.41%	¥457
2021/10/10	823,426	6,733	0.82%	¥46	¥308,921	1,003	14.90%	¥308	661	9.82%	¥467
2021/10/11	1,064,239	8,455	0.79%	¥38	¥323,645	1,123	13.28%	¥288	701	8.29%	¥462
2021/10/12	1,150,770	8,909	0.77%	¥38	¥338,495	1,246	13.99%	¥272	798	8.96%	¥424
2021/10/13	1,341,141	9,959	0.74%	¥37	¥371,202	1,431	14.37%	¥259	811	8.14%	¥458
2021/10/14	1,152,966	10,450	0.91%	¥34	¥356,958	1,261	12.07%	¥283	836	8.00%	¥427
2021/10/15	1,125,341	8,219	0.73%	¥45	¥372,222	1,172	14.26%	¥318	806	9.81%	¥462
2021/10/16	974,879	5,989	0.61%	¥46	¥277,490	996	16.63%	¥279	725	12.11%	¥383
2021/10/17	989,710	6,560	0.66%	¥53	¥349,773	941	14.34%	¥372	626	9.54%	¥559
2021/10/18	1,009,313	7,703	0.76%	¥47	¥358,540	961	12.48%	¥373	686	8.91%	¥523

○ レポートに並ぶ指標を日々チェックすることが大切

図表11-1のデータを例に、基本的な指標の関連性を見ていきましょう。すでに登場した用語や、巻末の用語集で解説している指標についても、ここであらためて触れます。

「IMP」は広告の表示回数で、「CLICK」は広告のクリック数です。「CTR」はクリック率で、このレポートでは「CLICK÷IMP」の数式で求めています。CTRが高ければ高いほど、クリックされやすい広告という意味と捉えられます。

「CPC」は「Cost Per Click」の略で、1クリックの獲得にかかった広告費です。安ければ安いほど効率的ということになりますが、一般的にCPCが低くなるとオークションに負けやすくなってIMPが減り、最終的にインストール数も減少する、という傾向があります。

「CVR」も重要な指標です。「Conversion Rate」の略で、「CV÷CLICK」で求めたパーセントの数値となり、CVRが高いほどインストールされやすいという意味になります。これらの指標が時系列でどう推移しているか、ある指標だけが下落していないかなどを、日々チェックすることを心掛けましょう。

◯ 注視すべきなのは広告効果測定SDKの数値

ここで、アプリマーケティングならではの商習慣について触れておきます。先ほどのレポートには、FacebookやTwitterなどの各媒体の管理画面の数値と、広告効果測定SDKの数値の両方を記載していました。この前者を「管理画面成果」、後者を「SDK成果」と表現します。

アプリマーケティングで利用するSDKには、広告の効果測定を目的としたもの以外にもさまざまな種類があることは前レッスンで触れました。しかし、もっとも利用機会の多いSDKが広告効果測定SDKであるため、それを指して単にSDKと呼ぶことがあります。

そして、管理画面成果とSDK成果のどちらの数値をアプリマーケターは追えばよいのかというと、答えはSDK成果です。アトリビューションを加味した成果判定を行うからこそ、広告予算が適切に使用できているかどうかを判断できます。

ただ、iOS でのコンバージョンについては、iOS 14.5 の登場以降、SDK でもデータ取得が難しくなってきているのが現状です。その都度、管理画面から最新情報を取得する必要があります。

◯ 計測ロジックの1つ「デバイスID計測」は近年下火に

SDKの数値が重要と理解したところで、そもそもSDKではどのようにデータを取得しているのかも理解してください。さまざまな計測ロジックがありますが、「デバイスID計測」と「Probabilistic計測」の2種類を覚えておけば問題ありません。

デバイスID計測は、別名「IDFA計測」「ADID計測」とも呼ばれます。IDFAはiOS端末、ADIDはAndroid端末に割り振られる固有のIDのことです。端末を一意に識別できますが、個人を特定することはできないものです。

直近までは、IDFAやADIDを広告の識別子として利用し、コンバージョンなどを計測することが主流でした（**図表11-2**）。しかし、2021年にAppleがIDFAを取得する際のルールを厳格化し、アプリの起動時にユーザーにIDFAを取得してよいかどうか確認するポップアップを表示することを義務付けました。

これにより、デバイスIDのみでの広告効果の計測では、抜け漏れが多く発生してしまう状況になっています。

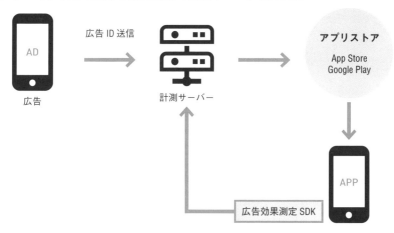

デバイスIDが利用できる場合は、「どの端末で
タップされたか」「その結果、アプリがインス
トールされたか」を計測でき、ターゲティング
の精度が向上します。

○ 機械学習でインストールを類推する「Probabilistic計測」

デバイスID計測に代わってメジャーにな
ってきたのが、Probabilistic計測です。「プ
ロバビリスティック」と読み、「確率論的」
という意味を持ちます。

どのような計測手法なのかというと、デ
バイスのメタデータを複数かけ合わせる

ことで、インストールユーザーを類推し
て計測する手法です。デバイスID計測と
比較すると精度は落ちるものの、各SDK
ベンダーでの技術の向上により、計測精
度は非常に高い水準になってきています。

👍 ワンポイント **ESG投資が個人情報保護の動きを加速**

Appleが IDFAの取得ルールを厳格化した
背景には、個人情報保護の観点があっ
たと筆者は考えています。近年のトピ
ックに「ESG投資」(社会的責任投資)
がありますが、その中のS＝Socialの分

野で投資家が注目する事項に「Privacy
& Data Security」があります。ESG投資
額は世界的に上昇しており、今後は
GoogleもADIDの規制に踏み込む可能性
が十分にあるため、目が離せません。

12

［アプリ広告運用の基本方針］

アプリ広告の指標を改善する 基本方針を理解しよう

このレッスンの ポイント

ここから数レッスンにわたっては、アプリ広告の運用を実際に始めるにあたって知っておきたい、複数の広告媒体に共通する基本方針を解説します。まずは「広告運用を改善する」とはどういうことかを理解してください。

○ 広告運用の目標設定に欠かせない「KGI」と「KPI」

ネット広告の成果を判断するための用語としては、しばしば「KGI」と「KPI」が登場します（図表12-1）。

KGI（Key Goal Indicator）とは、ビジネスの最終的なゴールを定量的に評価できる指標のことです。営利企業ではほとんどの場合、売上や利益になるはずで、一定期間におけるKGIを最大化することが広告運用のゴールになります。

KPI（Key Performance Indicator）とは、KGIを達成するための各部分が最適に実

施されているかを評価するための指標です。例えば、アプリ広告においては、目標とするKPIを「10,000インストールの達成」「CPI 1,000円の達成」といったものに置くことがよくあります。

KGIは、広告を運用するマーケターが直接コントロールすることはできないのが普通です。よって、マーケターはKGIからブレークダウンしたKPIを最適化することを目標として、実際の運用に臨むことになります。

▶ アプリマーケティングにおけるKGI　図表12-1

KGI
Key Goal Indicator

ある時間軸での売上・利益の最大化

KPI
Key Performance Indicator

CV 数の最大化、CPI の効率化

○ KPIを因数分解した「サブKPI」にも注目する

アプリ広告の運用ではインストール数と
CPIをKPIに置き、前者の増加、後者の低
下を目指すのが一般的だと述べました。
しかし、この2つの行為は相反すること
も多いのが難しいところです。

例えば、アプリ広告のCPIを下げるため、
入札単価を下げるとします。すると、一
時的にはCPIが下がるかもしれませんが、
競合する広告主とのオークションに負け
ることが多くなり、広告を露出する機会
が減っていきます。結果、インストール
数が減少してしまうのです。

しかし、インストール数を減少させずに

CPIを低下させるのは不可能、というわけ
ではありません。例えば、CPIを下げるた
めに、入札単価を下げるだけではなく、
新しいクリエイティブの入稿も同時に行
った場合、そのクリエイティブが効果的
であれば広告のCTRが上昇し、入札単価
が低くてもインストールは減少しない可
能性があります。

この場合、メインKPIであるCPIに加え、
サブKPIとしてCTRに注目しつつ運用する、
といった方針が成立します。このように
KPIを因数分解し、どのサブKPIを最適化
するか見極めることも重要です。

○ インストール数を増やすサブKPIを考える

では、インストール数をKPIとし、その増
加を目指すうえでのサブKPIについて、具
体的に考えてみましょう。下図の通り、
インストールはクリック数とCVRの掛け

算で表現できます（図表12-2）。
そして、図中の「Good」を満たすように
サブKPIに注目しながら運用していけばよ
い、ということが分かるでしょう。

▶ メインKPI＝CV（インストール数）のサブKPI 図表12-2

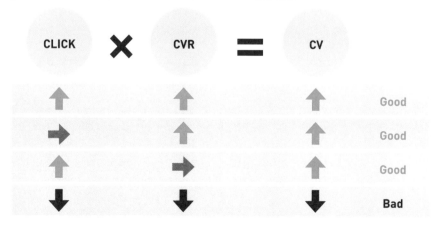

NEXT PAGE →

○ インストール数を増やすサブKPIをさらに分解する

インストール数のサブKPIとして、さらに注目したい点があります。それは、前述したサブKPIであるクリック数は、IMPとCTR（クリック率）というさらに細かいサブKPIへと因数分解できることです。

クリック数を増やすためのIMPとCTRの関係性を、前ページと同様に図示すると以下のようになります（**図表12-3**）。図中のGoodが満たされればクリック数が増加することが分かります。

▶ サブKPI＝クリック数をさらに細かいサブKPIに分解 **図表12-3**

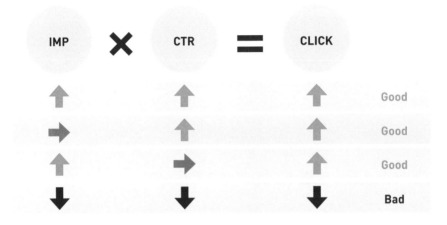

○ インストール数はIMPやCTR、CVRでコントロールが可能

ここまでに登場した、インストール数を増やすためのサブKPIをまとめると、次ページの図のようになります（**図表12-4**）。それぞれのサブKPIに影響する要素や施策も記載しました。

左から見ていくと、IMPを最大化するには、最適なデバイスを指定して広告を配信したり、ある程度の入札単価を投入したりする必要があります。CTRに関しては、クリエイティブを静止画から動画に変更したり、広告文を変更したりすることで

改善が可能かもしれません。CVRはアプリストアの最適化（ASO）や、アプリストアにおけるレビューの星の数を上げるため、アプリそのものの改修やネガティブレビューへの返信を行う施策が有効と見込まれます。

このように、インストール数というKPIをサブKPIに分解し、それぞれのサブKPIに影響する要素の改善および施策の実行を進めることで、KPIのコントロールが可能になっていきます。

▶ CV（インストール数）を改善させる施策 図表12-4

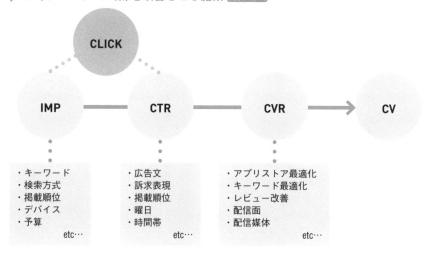

・キーワード	・広告文	・アプリストア最適化	
・検索方式	・訴求表現	・キーワード最適化	
・掲載順位	・掲載順位	・レビュー改善	
・デバイス	・曜日	・配信面	
・予算	・時間帯	・配信媒体	
etc…	etc…	etc…	

○ CPIを下げるサブKPIを考える

インストール数に続き、今度はCPIをKPIとし、その低下を目指すうえでのサブKPIについて具体的に考えます。下図の通り、CPIはコスト（広告費）とCV（コンバージョン数＝インストール数）の割り算で表現できます（図表12-5）。

よって、CPIを下げるにはコストとCVをサブKPIとして、図中のGoodを満たすように運用していく、という方針が成立することが分かります。

▶ メインKPI＝CPI（インストール単価）のサブKPI 図表12-5

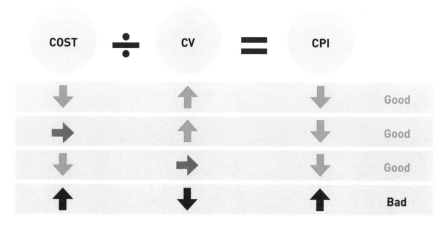

● CPIは現状のCPCやCVRから最適な施策を判断できる

CPIのサブKPIとして、さらに注目すべきなのが下図に示した指標です（図表12-6）。コストはクリック数とCPCの掛け算、CVはクリック数とCVRの掛け算で表せることを示しています。

すると、共通するクリック数は無視できるので、コストとCVの割り算は、CPCとCVRの割り算に書き換えることができます。つまり、CPCとCVRを最適化すれば、CPIは下がります。

これが分かると、その下の図表12-7に記載した例のような考え方が成立します。

目標とするCPIが1,000円で、現在のCVRが10%だった場合、CPCは100円以下である必要がある、ということです。この場合、CPCを100円以下に抑える入札単価にするような施策が考えられるでしょう。

ほかにも、CVRを10%から20%に上がるようにASOを行ったり、CVRが高めの媒体に配信先をセグメントしたりする施策が考えられます。サブKPIを置くことで実行すべき施策が絞られ、運用方針が明確になっていくことが分かります。

▶ CPIのサブKPIを別のサブKPIに置き換える 図表12-6

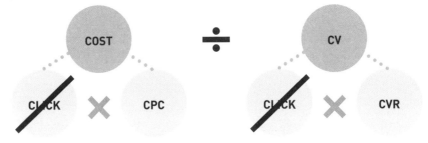

▶ CPI（インストール単価）を改善するための施策 図表12-7

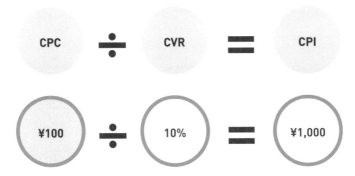

● KPIの相場感まで身につけられれば一人前

ここまでで見てきたように、アプリ広告の運用とは、KPIをサブKPIに分解したうえで、どのサブKPIに課題があるか、どのサブKPIであればまだ伸びしろがあるかを見極めて、その最適化を図っていく行為だと言い換えることができます。この考え方に従って、ぜひみなさんの運用方針を固めてもらえればと思います。

そして、これとは別に理解しておかなければならないのが「相場感」です。例えば、上司からCPI＝200円で10,000CVを月内に

とってほしいと命じられたとします。アプリマーケターとしては、それが相場感として実現可能性が高いのかを判断できる必要があるのです。

そのような相場感がないと、最初から不可能なゴールに向かって突き進むことになってしまいます。例えば「ゲームアプリのジャンルにおけるCVRの相場感は、動画フォーマットであればこれくらい、静止画フォーマットでこれくらい」という手触りを持つことが重要です。

> アプリ広告についての相場感があれば、上司が言うKPIが「絵に描いた餅」なのか、工夫次第で実現可能なラインなのか、運用する前に見極められるでしょう。

👍 ワンポイント　各KPIの相場感の知り方を学ぼう

「KPIの相場感を持つことが大切」だと述べましたが、具体的にどのようにして相場感を身に付ければいいのでしょうか？　まず、分かりやすい方法として、広告代理店や広告媒体社の担当者に、競合他社でのCTRやCVR、最終的なCPIでもっとも良かった数値などを確認し

てみましょう。そのうえで「なぜ、そのような効果的なKPIになったのか」を聞いてみます。その際、アプリ広告の3つの重要な変数であるターゲティング、入札単価、クリエイティブのうち、どのコントロールが特に秀でていたのかも教えてもらうといいでしょう。

Lesson ［アプリ広告のターゲティング］

13 アプリ広告における ターゲティング手法を理解しよう

このレッスンの
ポイント

アプリ広告で重視すべき3つのポイントの1つ、ターゲティングについて、現在主流の手法について学びましょう。広告媒体それぞれの特徴については第3章以降で説明しますが、本レッスンでは共通する考え方を理解してください。

⭕ リターゲティング広告には複数の配信手法がある

アプリ広告のターゲティングについて、性別・年齢によるデモグラフィック配信のほか、Twitterのフォロワーターゲティングのような媒体固有のターゲティングがあることを説明しました。

しかし、そういった概念とは別のターゲティング手法についても理解しなければなりません。ここでは下図に挙げた6種類について学びます（図表13-1）。

もっとも上のレイヤーにあるのが「新規広告」と「リターゲティング広告」で、リターゲティング広告はさらに「離反防止向け配信」と「休眠復帰向け配信」、「リエンゲージメント広告」と「リアトリビューション広告」に分類できます。

▶ アプリ広告の代表的なターゲティング手法 図表13-1

ターゲティング

新規広告 — 今までに一度もアプリをインストールしていないユーザーへの配信

リターゲティング広告 — すでにアプリをインストールしたことがあるユーザーへの配信

アクティブユーザーへの離反防止向け配信 — リエンゲージメント広告
すでにアプリを持っている（アンインストールしていない）ユーザーに起動を促す配信

休眠復帰向け配信 — リアトリビューション広告
すでにアプリをアンインストールしたユーザーに再インストールを促す配信

複雑だが効果も高いリターゲティング配信

新規とリターゲティングのうち、先に覚えてほしいのがリターゲティングです。アプリ広告におけるリターゲティングとは、「すでにアプリをインストールしたことのあるユーザーに対して、（再度アプリをインストールしてもらったうえで）再度アプリを起動してもらうための広告」を指します（図表13-2）。

アプリ広告以外、例えばECサイトが配信するネット広告では、リターゲティングとは「自社サイトを訪問済み、または過去に購入済みのユーザーに再訪問や再購入を促す広告」となります。よく似ていますが、若干意味が異なることに注意してください。

そして、アプリ広告におけるリターゲティングのうち、アプリをインストールしたばかりだが、ログイン密度（1週間あたりに何日ログインしているか）が低下してきているユーザーにログインを促す

ための広告が離反防止向け配信です。また、未ログインが何日も続き、このまま放置しておくとアプリに戻ってこなくなるようなユーザーを復帰させるための広告が休眠復帰向け配信となります。

さらに、アプリをインストール済みのユーザーを細かく見ると、アプリをまだアンインストールしていない人と、すでにアンインストールしてしまった人に分かれます。前者に対してアプリの起動やログインを促す広告をリエンゲージメント広告、後者に対してアプリの再インストールと起動を促す広告をリアトリビューション広告と呼びます。

なお、リターゲティングにおいては、課金経験の有無や過去にいくら課金したかといった課金額の範囲、最終ログインから何日以上が経過しているかといった休眠期間を条件に、配信対象をコントロールすることも可能です。

▶ アプリ広告におけるリターゲティングの例 図表13-2

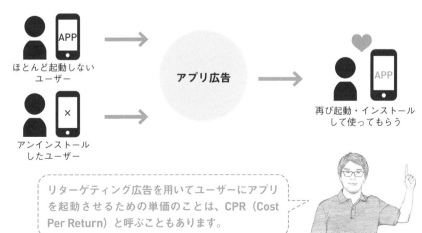

ほとんど起動しない
ユーザー

アンインストール
したユーザー

アプリ広告

再び起動・インストール
して使ってもらう

リターゲティング広告を用いてユーザーにアプリを起動させるための単価のことは、CPR（Cost Per Return）と呼ぶこともあります。

● 新規広告では「類似拡張配信」で精度を上げるのがコツ

新規広告はリターゲティング以外、つまり自社のアプリをまだ知らない、または知っているがインストールしていないユーザーを対象にしたアプリ広告です。シンプルに思えますが、さまざまな手法があります。

まず、媒体で利用可能なターゲティング設定を使う手法と、すでにアプリをインストールしたユーザーのデータを利用した手法に分けられます。前者は、例えばFacebook広告のデモグラフィックターゲティングで性別を絞る設定や、Twitter広告のフォロワーターゲティングなどが該当します。

後者は「類似拡張配信」「Look a Like配信」（LAL配信）などとも呼ばれます。例えば、Facebook広告経由でアプリをインストールしたユーザーの中で、特に課金が多い層だけを抽出して、その層のFacebookでの回遊行動と似た行動をとっているユーザーをFacebook内で抽出し、広告を新規配信します。あるユーザーをもとに、類似した行動をとる他のユーザーに拡張して広告を配信することから、類似拡張配信と呼ぶわけです（**図表13-3**）。

類似拡張配信においては、その対象を表すときに「課金のLAL1%」「課金のLAL10%」といった用語が使われます。課金のLAL1%は類似性が上位1%、つまり「非常に課金意欲が高いユーザー」のみを抽出して新規配信を行う、という意味です。課金のLAL10%は上位10%、つまり「それなりに課金しやすいユーザー」となります。

課金のLAL1%と比較して、課金のLAL10%は母集団は大きくなりますが、ユーザーの類似性が低くなるので、一般にインストール数は増えるものの、課金は発生しにくくなります。なお、Facebook広告では**図表13-4**のような画面で類似性の調整が可能です。

▶ アプリ広告における新規ターゲティング（類似拡張配信）の例 **図表13-3**

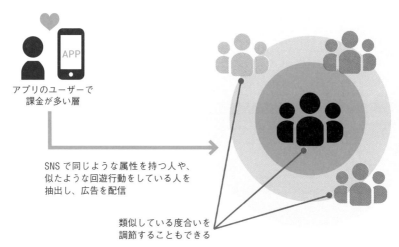

アプリのユーザーで
課金が多い層

SNS で同じような属性を持つ人や、
似たような回遊行動をしている人を
抽出し、広告を配信

類似している度合いを
調節することもできる

▶ **Facebook広告の類似オーディエンス作成画面** 図表13-4

類似オーディエンスを作成	×

類似オーディエンスのソースを選択してください ❶

既存のオーディエンスまたはデータソースを選択してください

新しいソースを作成 ▼

ターゲット地域を選択

Q 地域や国を選択してください　　　　　　　　　　　　　参照

オーディエンスサイズを選択
類似オーディエンスの数 ❶

1 ▼

0%　1%　2%　3%　4%　5%　6%　7%　8%　9%　10%

💡 1%類似オーディエンスの場合、類似オーディエンスのソースに最も類似するオーディエンスが作成されます。割合を上げると、作成されるオーディエンスのサイズと対象が拡大されます。

キャンセル　オーディエンスを作成

ここではアプリ内課金を例にしましたが、それ以外のデータでも類似拡張配信は可能です。

Facebook広告では類似拡張配信のことを「類似オーディエンス」と呼ぶ。例えば、特に課金が多いユーザーのリスト（メールアドレスの一覧など）をアップロードすることで、それを基準とした類似拡張配信が行える

◯ 機械学習によるpLTV配信など画期的な手法も

ここまでに述べた以外にも、新しいターゲティング手法が生み出されています。中でも代表的なのが、Googleが提供する「pLTV」という新規配信の手法です。pは「predict」（予測する）を指しており、日本語にすると「LTV予測配信」とも表現できます。

例えば、課金データをもとにした類似拡張配信では、課金経験のあるユーザーと類似した回遊行動をしている人を広告配信の対象にしましたが、pLTV配信では、今後課金しそうな行動をしているユーザーをGoogleが機械学習によって予測し、広告を配信します。つまり、Googleが持つビッグデータと対象アプリの行動データを機械学習にかけ、課金しそうなユーザーを予測するわけです。

アプリ広告の配信手法は日進月歩で発展しており、もはや手動での配信制御がほとんど不要な媒体が多くなってきているのが現状となっています。

特に Google と Facebook は、機械学習の精度が非常に高い媒体として知られています。

Lesson
[アプリ広告の予算]

14 アプリ広告における 予算の考え方を理解しよう

このレッスンの
ポイント

重視すべき3つのポイントの1つに入札単価がありましたが、本レッスンでは広告媒体に左右されない共通の考え方として、アプリ広告における予算の設定方法について解説します。まずは基本的な考え方を理解してください。

○ 月ごとの広告予算を決めて「日予算」を割り出す

アプリ広告の入札単価をどう設定するかについては、媒体によって考え方が異なります。第3章以降で媒体ごとに詳しく解説するので、ここではより大きな視点で、アプリ広告全体の予算を設定するにあたっての前提を見ていきます。

まず、月ごとの広告予算を決めてください。アプリのライフサイクルまで考慮した、全体的な投資回収の考え方については第9章で述べており、それを踏まえたうえで

月予算に展開するのが理想です。しかし、最初からそこまで考慮するのは難しいケースもあるので、社内で月ごとの広告予算として許容可能な金額を決め、それに従うのがいいでしょう。

月ごとの広告予算が決まれば、1日に使える広告予算（日予算）が決まります。各媒体では、その日予算を上限として配信を最適化していくことになります。

👍ワンポイント　アプリ内イベントや他の施策で日予算は変動する

ゲームアプリでは、アプリ内のイベントにあわせて広告の日予算をコントロールすることがあります。イベントの開始時に課金が多く発生したり、久しぶりにアプリを再開しようとするユーザーが増えたりして、新規インストールやリターゲティングの獲得効率がよくなるためです。

また、テレビCMのような大規模プロモ

ーションを実施するタイミングにあわせて、アプリ広告の日予算を増やすこともよくあります。CMとアプリ広告の相乗効果によって、アプリのDAUを大きく伸ばすことが可能になります。

アプリマーケターはアプリ内のイベントはもちろん、他のプロモーション施策のスケジュールを把握したうえで、日予算をコントロールすべきです。

○ Apple Search AdsとGoogleアプリキャンペーンを最優先

次に、優先的に取り組むアプリ広告の媒体を決めます。といっても、Appleの検索連動型広告（ASA）と、Google広告のアプリキャンペーンが鉄板と考えて間違いありません。

レッスン07でも述べたように、この2つはアプリのインストール元となるApp Store、およびGoogle Playにもっとも近い媒体です。また、両アプリストアのトラフィックが非常に大きいことは想像に難くなく、アプリ広告の露出機会を最大化できる可能性も高まります。

この2媒体から広告の配信を行い、月ごとの広告予算を効率的に使用できていれば問題ありません。もし、この2媒体では効率的にインストールを獲得できない場合、他の媒体への配信も検討すること

になります。Twitter、Facebook、Instagram、TikTok、LINEといったSNS系の広告媒体のうち、自社アプリのユーザーと親和性の高いところを選びましょう。

他の媒体を検討するタイミングとしては、下図のように縦軸にコンバージョン数（CV）、横軸にクリック単価（CPC）をプロットしたグラフを描いてみてください（図表14-1）。ターゲティングやクリエイティブを最適化し続けることを前提にすれば、「理想」の直線のように右肩上がりで進んでいくはずですが、実際には「現実」のように、ある時期からCPCの上昇に対してCVの上昇が正比例しなくなってきます。これが、効率的にインストールを獲得できなくなってきた目安です。

▶ アプリ広告における最適化の限界を見極めるイメージ 図表14-1

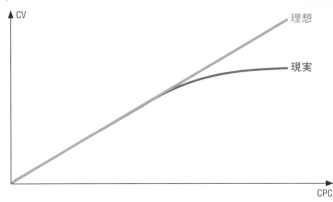

予算を投入し続けても「理想」通りにはならず、「現実」のラインに落ち着いてしまう

このような状態は、現状のクリエイティブの訴求軸が刺さるユーザーを刈り取りきってしまったと考えられます。ターゲティングとクリエイティブを見直しつつ、他の媒体への配信も検討します。

月予算500万円の規模なら社内スタッフが3名必要

アプリ広告を運用するスタッフにかかる人件費についても考慮しておきたいところです。一例として、アプリ広告の月ごとの予算が500万円程度、自社内のみ（インハウス）での運用を行う場合の組織体制を考えてみます。

このケースでは、運用業務とクリエイティブ制作のディレクションを兼務する担当が1人、静止画のクリエイティブを制作する担当が1人、動画のクリエイティブを制作する担当が1人の、計3人が最低でも必要です。そのようなスタッフを社内で確保する必要があります。

ただ、3人の全員が、日々の業務時間のすべてを広告運用に費やすとまで考える必要はないでしょう。「人月」に換算すると、およそ1.5人月程度で運用を回せると筆者は思います。

しかし、アプリ広告の運用が軌道に乗り、月ごとの予算が増えれば増えるほど、必要な人員も増えていくでしょう。広告費が増えれば、それを使用しつつ広告を効率的に配信するために、静止画や動画などのクリエイティブをより多く制作する必要が生じるからです。また、配信先となる媒体を増やす必要もあり、それぞれの広告媒体の専門知識を持ったスタッフが分業して運用したほうが効率が上がるようになっていくでしょう。

自社で組織を持てなければ広告代理店への委託を検討

アプリ広告の社内運用体制が肥大化し、そのためのスタッフを社内で確保することが難しい場合は、広告代理店に配信を委託することが多くなります。その場合、配信の最適化やクリエイティブの制作、日々のレポーティングなどはすべて代理店が実施し、自社のアプリマーケターはそれを監督する立場になります。

もちろん、代理店からはその見返りとして、広告配信金額に手数料を加算した金額を請求されることになりますが、大規模な運用をしているアプリメーカーでは珍しくないことです。もしその段階になったら、代理店を何社か呼んで提案を聞いてみるとよいでしょう。アプリ広告をインハウスで運用をすべきか、代理店に委託すべきかの判断基準については、第4章のコラム（P.102）で解説しています。

何はともあれ、みなさん自身がアプリ広告の運用に取り組むところがスタート地点です。軌道に乗り次第、徐々に広げていきましょう。

[アプリ広告のクリエイティブ]

アプリ広告における
クリエイティブを理解しよう

このレッスンの
ポイント

第2章の最後となる本レッスンでは、重視すべき3つのポイントの1つであるクリエイティブについて、アプリマーケターが持つべき前提知識をまとめます。この内容を基本方針として、実際の運用に望んでください。

○ クリエイティブのディレクションはマーケターの仕事

アプリ広告のクリエイティブはデザイナーが作るもので、マーケターの業務範囲外だと思っている人をよく見かけます。もちろん、アプリマーケターであるみなさんが、自らPhotoshopなどを駆使してクリエイティブ制作の全行程を実行する必要はありません。

しかし、作成してほしいクリエイティブのコンセプトをまとめるスキルは求められます。例えば、「このアプリが提供できる価値の1つに○○があると考えており、そのような顧客のインサイトに響くクリエイティブを作りたい」、もしくは「この広告を見てくれた人に△△のような気持になってほしい。なぜなら□□だから」

といった具合です。

さらに、デザイナーのスキル次第では、静止画であれば「このようなサイズ感で、このキャラやこのロゴをここに配置してほしい」といった細かい指示ができ、動画であれば起承転結の4コマを自分で描けるのがベストです。デザイナーのアウトプットが、想定から大きく外れることがなくなります。

加えて、そのような指示をした後に「私はこう考えているのですが、もっとよい案はありますか?」と、デザイナーからのアイデアを引き出せるような質問ができると、よりよいクリエイティブになることが多いと筆者は考えます。

デザイナーにも得意不得意があります。その得意不得意を見極めながら、どこまで細かく依頼をすべきかを判断する必要があります。

NEXT PAGE →

● デザイナーに向けてクリエイティブの訴求軸を伝える

アプリマーケターがデザイナーに対してクリエイティブの制作を指示する際は、前述のコンセプトのほか、「訴求軸」を伝えることが求められます。訴求軸とは、自社アプリがターゲットユーザーに打ち出すことができる、機能的・情緒的な特徴を指します。

例えば、筆者が所属するブシロードが得意とするゲームジャンルにリズムゲーム、いわゆる「音ゲー」があります。そして、リズムゲームの訴求軸は、おおよそ以下

の表のように分解することが可能です（図表15-1）。

ここでは5つの訴求軸を挙げており、それぞれに「メッセージ」（広告に記載するキャッチコピー）、「表現方法」（広告の色使いや全体の雰囲気）、「ターゲット」（そのクリエイティブが狙うユーザー層）を記載しています。このように訴求軸をまとめることで、制作してほしいクリエイティブのイメージをデザイナーに伝えることが可能です。

▶ リズムゲームアプリにおけるクリエイティブの訴求軸の例　図表15-1

訴求軸		メッセージ	表現方法	ターゲット
世界観		・○○をテーマにした△△が登場！	実際の音ゲーに使用されている機材やライブ風景をモチーフにして、テーマカラーを基調とした表現。	IPファン 音ゲープレイ キャラゲー好き アニメ好き
キャラクター（声優）		・どのユニットでライブする？ ・あの人気声優をゲームでチェック！ ・キャラ名×声優名	テーマカラーやセリフを使い、キャラクターが持つ個性を色濃く出すクリエイティブを目指す。	IPファン 声優ファン キャラゲー好き アニメ好き
楽曲	人気曲	・カバーを含む○曲以上で遊べる！ ・みんなが知ってる楽曲が○曲以上！	流行りの曲をピックアップし、曲名がよく見えるような構成に。	IPファン 声優ファン 音ゲープレイ ゲームライト層
	懐メロ	・90年代のカバー楽曲を多数収録 ・懐かしの曲でライブを盛り上げよう！	過去に流行ったゲームのデザインを踏襲するなど工夫し、懐メロの楽曲をよく見せるような構成に。	音ゲープレイ（30代以上） アニメ好き ゲームライト層
ゲーム性		・○○気分が味わえる操作でリズムゲームを楽しもう！ ・△△など○○気分が楽しめる操作	リズムゲームであることが分かるプレイ画面を前面に押し出し、「新作音ゲーならでは」の他タイトルでは味わえない操作性をテキストで訴求していく。	IPファン 音ゲープレイ ゲームライト層
インセンティブ		・事前登録インセンティブ ・リリース後インセンティブ ・ログインボーナスインセンティブ	上記4ついずれかの訴求の中から、効果の良いものなどのテキスト表現を変更し、インセンティブ目当てのユーザーに対しても訴求していく。	ゲームライト層 アニメ好き

まずは上図のような**訴求軸**を理解し、15秒間の動画の中で複数の軸を組み合わせて表現する練習をしてみるといいでしょう。

● 静止画よりも動画、動画の尺は15〜30秒を優先

クリエイティブのフォーマットは、動画と静止画の2種類に大別できます。ただ、アプリ広告においては、すべての媒体で共通して動画のほうがより重要です。アプリという商材の性質上、画面内で動作するUI/UXを動画で訴求した広告のほうが、コンバージョンに結びつきやすい傾向があります。

クリエイティブのサイズとしては、動画の場合は長さを指す「尺」と、縦横のピクセルサイズがあります。尺としては、全広告媒体で共通する15〜30秒の動画を優先的に制作しましょう。Twitterでは動画カルーセルも効果的です。縦横のサイズは1:1と16:9が多用されるので、セットで制作することをおすすめします。

● クリエイティブの差し替えは期間ではなく成果で判断

いかに優れたクリエイティブでも、その1本だけを配信し続けていては、ユーザーに飽きられてしまいます。十分な本数のクリエイティブを用意したうえで、適切なタイミングで新しいクリエイティブに差し替えていく必要があります。

例えば、月ごとの広告予算が500万円の場合、どの程度のクリエイティブ本数を準備するのが適切でしょうか? 著者の経験上、TwitterやFacebook/Instagramであれば、静止画と動画で合計6本（各3本ずつ）は最低でも欲しいところです。Googleアプリキャンペーンであれば、静止画と動画を20本ずつ入稿することをおすすめします。そうすることで機械学習が働きやすくなり、パフォーマンスも高くなる傾向があります。

クリエイティブを差し替えるタイミングとしては、1週間ごとに入れ替えるといった期間で区切るのではなく、成果で判断するのが有効です。例えば、目標とするCPIから逆算した適切なCTRを満たさないクリエイティブは落とし、新しいものに差し替えるといった具合です。

これも著者の経験上ですが、よほどのことがない限り、用意したすべてのクリエイティブがCTRなどの基準を満たさないことはなく、少なくとも1〜2本はクリアするはずです。それらがエースとして活躍している間に、次回入稿するためのクリエイティブを用意して、ストックしておくようにしましょう。

> アプリ広告の運用においては「動画のクリエイティブを継続的に制作できる社内外の体制をいかに整えるか」も大きなポイントです。

ⓘ COLUMN

広告配信のアルゴリズムをハックせよ

本章ではアプリ広告の基本的な考え方を網羅しました。次章からは主要な広告媒体に関するノウハウを学んでいきますが、その前段で「広告配信のアルゴリズムをハックする」ことについて言及したいと思います。

筆者がネット広告代理店で営業兼広告運用を担当していた頃は、Twitter広告がアプリプロモーションにおいて有用な手段だと認知され始めた時期でした。各代理店がこぞってTwitter広告をいかに効率的に運用するかに注力していたのですが、そのような日々の運用で、思わぬアルゴリズムを発見しました。それは「効果が悪化したキャンペーンを一度リセットし、新規のキャンペーンとして再度配信を行うと効果が改善する」という現象です。

この「Twitter広告ではキャンペーンの効果が悪くなったらキャンペーンをリフレッシュするとよい」というノウハウは、今では知る人ぞ知る常識となりましたが、当時は日々の試行錯誤の結果として発見された、アルゴリズムの盲点だったわけです。

つまり、Twitter広告では新規で作られたキャンペーンにおいて、ある一定期間、優先的にインプレッションが出るような配信のアルゴリズムが存在したということになります。おそらく当時はTwitterの社内の人でさえ、このようなアルゴリズムの存在を知らなかったのではないかと思います。あるいは、知っていたとしても広告効果の改善を目的として、このアルゴリズムをハックしようと考えた人はいなかったのではないかと思います。

この経験から何が言えるかというと、媒体側の人がその媒体にもっとも詳しいかというとそうではなく、その広告媒体の運用において試行錯誤を続け、アルゴリズムをハックする姿勢で日々努力している人こそ、もっとも詳しくなる資質があるということです。

特に昨今は「AIによる広告運用」や「機械学習による最適化運用」などが一種のバズワードと化しており、マーケターの思考を停止させている印象があります。そのような時代だからこそ、各媒体の機械学習アルゴリズムにはどのような特徴があるのか、まずは媒体側の人にヒアリングしてみて、そのうえで自分自身の試行錯誤によってアルゴリズムをハックして広告効果を改善するスタンスが、アプリマーケターには必要なのではないでしょうか。

「AIとか機械学習とか言ってるけど、じゃあ具体的にどんなものなの？」と、一歩踏み込んで自分の頭で考えてみることが大切です。

Chapter

3

Apple Search Adsの
運用を始めよう

Appleのアプリストアである
App Storeを媒体とし、検索連
動型広告を表示できるプラット
フォームがApple Search Ads
です。運用のポイントをひとつ
ひとつ見ていきましょう。

16

Apple Search Adsの概要を理解しよう

**このレッスンの
ポイント**

**Apple Search Ads（ASA）は、アプリ広告における必須
のプラットフォームとして第2章でも何度か登場しました。
なぜ必須といえるのか、どのような特徴があるのか、前提
となる知識を本レッスンでおさらいします。**

Chapter 3

Apple Search Adsの運用を始めよう

◯ 日本のiPhoneユーザーは推定5,000万人以上

まず、スマートフォンのOSのシェアについて理解しましょう。iOS対Androidは、グローバルでは「27：72」でAndroidが圧倒していますが、日本に限定すると「66：33」でiOSのほうが優勢です（図表16-1）。つまり、日本のスマホユーザーの3人に2人はiPhoneを使っている、ということになります。

一方、総務省の統計データによると、個人におけるスマートフォンの保有率は67.6%です。これらのデータに基づくと、日本の人口の約1億2,000万人のうちスマホユーザーは8,100万人ほど、さらにそのうちの5,300万人ほどがiPhoneを保有していると推定できます。

App Storeとは、それだけの母数のユーザーがアプリのインストールのために必ず利用する媒体です。

▶ モバイルOSの世界・日本におけるシェア（2021年4月）　図表16-1

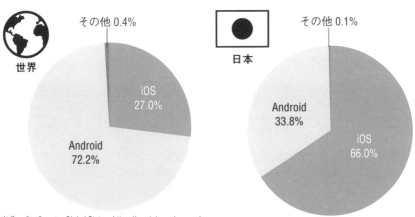

出典：StatCounter Global Stats　https://gs.statcounter.com/

⭘ App Storeユーザーの7割が検索からアプリを見つける

App Storeにおいて、ユーザーがアプリを見つける方法は主に4つあります。「Today」タブ、「ゲーム」タブと「App」タブ、App Store内での検索、そしてアプリ広告です。

このうち、「Today」タブ、「ゲーム」タブと「App」タブは、Appleが選出する特別な掲載枠となります（図表16-2）。よって、アプリマーケターが自らの意思でコントロールできるのは、App Store内での検索とアプリ広告の2つに絞られます。

Appleによると「検索によってアプリを見つけるApp Storeユーザーの割合」は70%とされ、非常に高いことが分かっています。また、「検索結果に表示される広告の平均CVR」は50%にものぼります。検索とアプリ広告が、アプリマーケターにとって重要であることは明白です。

▶ **App Storeの「Today」タブと「ゲーム」タブ** 図表16-2

App Storeの「Today」タブ（左）と「ゲーム」 タブ（右）。Appleからのおすすめやトレンドランキング上位のアプリが表示され目立つが、広告の配信枠ではない

すべての iPhone ユーザーが App Store を通じてアプリをインストールするため、その影響力は絶大です。

● 検索キーワードを指定してターゲティング

App Storeにおける検索の重要性が理解できたと思いますが、Apple Search Adsは、その検索を経由したインストールを最大化するためのアプリ広告です（図表16-3）。検索連動型広告を経由してインストールするユーザーのLTVは、他の広告媒体のそれと比較して高くなる傾向にあります。また、アプリを開発するにあたり、iOS版を開発しないことはあり得ないでしょうから、アプリマーケターがまず取り組むべき広告がApple Search Adsとなります。筆者の経験上、Apple Search Adsでの広告配信を行わなかったプロダクトはありません。

Apple Search Adsでは、他の検索連動型のネット広告と同様に、キーワードレベルでのターゲティングが可能で、配信精度も完全一致・部分一致があります。また、「検索マッチ」といった自社アプリに関連性のあるキーワードに対して自動配信を行う機能があったり、検索キーワードの広告グループごとにクリエイティブを出し分けたりすることも可能です。

▶ **App Store での検索時に表示されるアプリ広告** 図表16-3

App Storeの「検索」タブ（左）でキーワードを検索。結果の最上部にApple Search Adsの広告が表示されている。広告をタップするとアプリの詳細画面（右）に遷移する

検索はユーザーによる能動的な行為であるため、Apple Search Ads などの検索連動型広告の LTV は、他の種類の広告と比較して高くなります。

[アカウントの作成]

17 Apple Search Adsの アカウントを作成しよう

このレッスンの ポイント

Apple Search Adsのアカウントを作成し、アプリ広告を配信する準備をしましょう。アカウントの種類を選び、Apple IDでサインインして必要な情報を入力し、「App Store Connect」のアカウントと関連付ければOKです。

◯ アカウントの種類は原則「Advanced」を選択

Apple Search Adsを配信するためにアカウントを作成する際は、その種類として「Basic」と「Advanced」のいずれかを選択します。 違いは下表の通りですが（図表17-1）、重要なポイントが2つあります。

1つは、Basicを選択すると、広告効果測定SDKでの計測が詳細にはできない点です。Apple Search Ads以外のプラットフォームも併用してアプリ広告を配信する場合、アトリビューションを考慮した効果測定が行いにくくなります。

もう1つは、同じくBasicを選択すると、後述する個別のキーワード入札や検索マッチのような細かなターゲティングが行えない点です。これらを踏まえると、Apple Search Adsのみでアプリ広告を小規模に運用したいケースを除き、Advancedを選択することをおすすめします。

▶ **Apple Search Adsのアカウントの種類と特徴** 図表17-1

アカウントの種類	Basic	Advanced
毎月の最大予算	5,000万米ドル（約55万円）	制限なし
支払い方法	インストール課金 （CPI：Cost Per Install）	タップ課金 （CPT：Cost Per Tap）
ターゲティング	設定不要（自動最適化配信）	キーワード、 オーディエンス設定可能
コンバージョン計測	Apple Search Ads上の成果のみ	第三者計測ツールとの連携可能
プロモーション可能な アプリ数	最大50個のアプリ	制限なし

● アカウントの連絡先や法人名、カード情報を登録

アカウントの種類を選択したら、Apple ID でサインインします。このとき、後述する「App Store Connect」のアカウントと関連付けられているApple IDを利用すると、その後がスムーズになります。

以降は、アカウント情報や連絡先、商取引詳細（法人名や住所など）、支払い方法（クレジットカード情報など）を順に入力していくだけです。表示される画面の通りに進めてください。

▶ **Apple Search Adsのアカウントを作成する** 図表17-2

Apple Search AdsのWebサイトにアクセスし、Advancedのアカウントを作成。
アカウント名や自分・自社の情報を登録する
https://searchads.apple.com/jp

▶ **Apple Search Adsの支払い情報を登録する** 図表17-3

支払い情報として
クレジットカード
を登録。自社の法
人カードを用意し
ておくとよい

> このようなアカウントの作成と支払い情報の登録といった手順は、どのネット広告の媒体でも共通しているので、以降の媒体ごとの章では省略します。

● App Store Connectと広告アカウントを関連付ける

Apple Search Adsのアカウントで利用する Apple IDは、App Store Connectのアカウントと関連付けられている必要があります。App Store Connectとは、App Storeへの自社アプリのアップロード、審査への提出、審査通過後のアプリの管理・分析などが行えるツールのことです。

また、アカウントを関連付けるにあたって、広告運用の実務が行える権限を付与することも必要です。App Store Connectのアカウントは、自社アプリのプロデューサーやプロダクトマネージャー（PDM）など、開発側のスタッフが管理していることが一般的なので、相談するようにしてください。付与する権限は「Admin」「Legal」「Marketer」のいずれかが適切です。

Apple IDと App Store Connectを関連付けると、以下の画面のように「キャンペーン」を作成するときなどに［使用可能な App Store Connectアカウント］として表示されます（**図表17-4**）。以上でアカウントの準備は完了です。

▶ **App Store Connectのアカウントと関連付ける** **図表17-4**

関連付けを行うことで、App Store Connect に登録した自社アプリを Apple Search Ads で宣伝できるようになる

App Store Connect のアカウントが分からない場合は、アプリの開発側のスタッフに聞くといいでしょう。

18 Apple Search Adsの キャンペーンを作成しよう

このレッスンの ポイント

多くのネット広告のプラットフォームと同様に、**Apple Search Ads**は「**アカウント**」と「**キャンペーン**」「**広告グループ**」という**3つの階層**で構成されます。アカウントに続き、キャンペーンと広告グループを作成しましょう。

◯ 広告運用の基本となる3つの階層構造

前レッスンの最後には「キャンペーン」という言葉が登場しましたが、デジタルマーケティングで頻出する用語の組み合わせに「アカウント」「キャンペーン」「広告グループ」があります。これらの関係は以下のように図示することが可能です（**図表18-1**）。いずれも、広告運用に関連するデータの階層を区切る箱のようなものと捉えてください。

アカウントは読んで字のごとく、1つの企業に割り振られた広告を配信するためのアカウントです。アカウントの中に、予算やターゲティングごとに区分けされたキャンペーンがあります。そして、キャンペーンの中に入札するキーワードやクリエイティブが、広告グループとしてまとめられています。

このようなアカウント、キャンペーン、広告グループという3つの階層構造をとることで、運用の最適化や入札単価の調整を簡単にコントロールできるなどのメリットがあります。

▶ ネット広告における階層構造 **図表18-1**

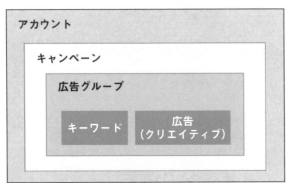

呼称に多少の違いはあっても、この3つの階層構造は他のネット広告でも同じです。

○ キャンペーンの作成時に月ごとの予算を入力

すでにアカウントは作成したので、次にキャンペーンを作成します。App Store Connectとの関連付けを済ませて、[アプリケーションを選択]で宣伝したいアプリを選択しましょう（図表18-2）。[広告を表示する地域を選択]は本書執筆時点での誤訳と思われ、広告を表示する領域を指しています。Apple Search Adsを配信するには[検索結果]を選びます。

以降の[キャンペーン名]では、筆者は「アプリ名（略称）＋新規 or リターゲティング」という形式にすることが多いです（図表18-3）。例えば「D4DJ（リタゲ）」といったキャンペーン名になります。

[予算]には該当キャンペーンにおける合算の予算、[1日の上限]には日予算を入力します。

▶ キャンペーンの広告を表示する地域（領域）を設定する 図表18-2

[広告を表示する地域を選択]では[検索結果]を選択。キーワードでの検索結果画面に広告が表示されるようになる

▶ キャンペーン名と予算を設定する 図表18-3

[キャンペーン名][予算][日予算の上限]を設定。キャンペーン名の命名規則を決め、チームでの運用をしやすくするとよい

● 広告グループは4つ程度を作成するのが適切

続いて、キャンペーンの配下に広告グループを作成しましょう（**図表18-4**）。最初に筆者が推奨する広告グループの分け方を説明すると、以下のようになります。

①ブランドワード
②競合ワード
③一般ワード
④調査ワード

この分け方にどのような意味があるのかは追って解説しますが、広告グループは4つ程度を作成するのが適切です。

［デフォルトの最大CPT入札額］の「CPT」は「Cost Per Tap」の略です。CPC（Cost Per Click）と同じ意味なので、「クリック単価を最大何円まで許容しますか？」と読み替えるといいでしょう。自社として許容できる入札単価の上限を入力してください。広告グループごとの入札単価の決め方については別途記載します。

▶ 広告グループ名と最大CPT入札額を設定する **図表18-4**

広告グループは4つ程度作成するので、それが区別できる名前を付ける。［デフォルトの最大CPT入札額］は、許容できる最大のクリック単価と読み替えて設定する

● 4つの広告グループに異なる設定を適用

図表18-4 の続きを見ていきます。

[CPA目標]は、目標とするCPIと捉えてください。任意の入力項目ですが、筆者の経験上、単純にCPTの抑制がされるだけなので、CPA目標は設定せずCPTのみで運用をおすすめします。

[検索マッチ]の設定は、4つの広告グループのうち、①②③ではオフが推奨です。④ではオンにします。

[キーワード]については、①②③ではキーワードとマッチタイプの設定が必須です。詳細は次レッスンで解説しますが、筆者が推奨する広告グループごとの設定を図示すると 図表18-5 のようになります。そして、広告グループ内にセットしたキーワードは、図表18-6 のように一覧で確認できるようになります。

▶ **4つの広告グループとキーワードのマッチタイプ** 図表18-5

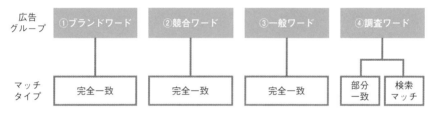

▶ **広告グループ内にセットされたキーワードの一覧** 図表18-6

広告グループ内のキーワードごとに、現在の最大CPT入札額や平均CPAなどをレポートで確認できる

> 一般的なリスティング広告と同様に、ASA もキーワードの入れ替えやキーワードごとの入札調整など、細かな運用が求められます。

19

[ターゲティングの設定]

Apple Search Adsの
ターゲティングを設定しよう

このレッスンの
ポイント

広告グループに対して、ターゲティングの設定を行っていきます。検索連動型広告である**Apple Search Ads**では、ユーザーの検索キーワードがターゲティングの対象となるので、自社アプリに関連する言葉を適切に選びましょう。

○ キーワードは「完全一致」での設定を推奨

広告グループ内にどのようなキーワードを指定し、入札を行うべきかについて学ぶ前段階として、それらのキーワードを「完全一致」と「部分一致」のどちらで配信すべきかという論点があります。

完全一致とは、指定したキーワードとまったく同じキーワードで検索したユーザーに対して広告を配信する手法です。一方、部分一致とは、指定したキーワードにゆらぎを持った状態で検索された場合でも広告表示を行う配信手法です。

結論から言うと、最初は完全一致のみを使用してください。部分一致ではキーワードのゆらぎが大きく、結果的に本来配信したかったキーワードとは関連のないキーワードでも広告が配信され、CPIが高騰するケースが多いからです。

例えば、「写真 編集 無料」というキーワードを部分一致で設定した場合、関連するキーワードとして「ピクチャ 編集」などでも広告が配信されます（**図表19-1**）。実際に運用してみると、関連性のないキーワードを拾いすぎる傾向にあると筆者は感じています。

▶ 完全一致と部分一致の違い　図表19-1

検索語句 「写真 編集 無料」	
完全一致と部分一致の両方該当	**部分一致のみ該当**
語順通り：「写真 編集 無料」 類似パターン： 　「写真 編集機能 無料」 　「写真編集無料」※	語順が異なる：「編集 写真 無料」 語句の一部：「写真 編集、編集 無料」 他の語句の混在： 　「写真 編集 コラージュ 無料」 　「無料 トリミング 写真 編集」 同義語／関連語句： 　「ピクチャ 編集」 　「ピクチャ 編集 テキスト」
※言語によっては類似パターンが機能しない場合がある	

「部分一致」は他の広告グループと競合する可能性も

また、キーワードを部分一致で設定した場合、広告経由でのインストールが、どのようなゆらぎを持ったキーワードから発生したのかを追跡することができません。これは運用の最適化へのフィードバックができない問題につながります。

さらに、検索マッチをオンにした広告グループが配信する先と、部分一致による配信先がカニバリゼーションを起こす場合もあります。やはり、部分一致は最初からは実施しないことを強くおすすめします。

> 同じキーワードを登録していても、実際に広告が表示される検索語句はマッチタイプによって異なる点に注意してください。

4つの広告グループごとに異なるキーワードを設定

前レッスンでは、広告グループを①ブランドワード、②競合ワード、③一般ワード、④調査ワードの4つに分けることを推奨しました。それぞれの広告グループに、具体的にどのようなキーワードを設定すべきかついて解説しましょう。

①ブランドワードであれば、自社のアプリ名（プロダクト名）やブランド名を設定します。例えば、メルカリであれば「メルカリ」「めるかり」などが該当します。完全一致にすると「メルカリ」「めるかり」が別のキーワードとなるので、両方を設定するのが適切です。

②競合ワードには「PayPayフリマ」「ぺい

ぺいふりま」「PayPayモール」「ぺいぺいもーる」「ラクマ」「らくま」「minne」「ミンネ」「みんね」など、競合アプリのキーワードを設定します。

③一般ワードの広告グループには、自社アプリ名でも競合アプリ名でもないが、それなりに関連性の高いキーワードを設定します。例えば「フリマアプリ」「EC」「ショッピング」「買い物」などです。

④調査ワードの広告グループについては、広告グループの作成時に［広告を自動的に関連性の高い検索にマッチさせる］をオンにすれば、手動でキーワードを設定しなくても配信が行われます。

> 最初は4つの異なる広告グループにどのようなキーワードを入れるべきか分からなかったかもしれませんが、上記のフリマアプリの例でイメージができたのではないでしょうか。

NEXT PAGE →

● 自社のブランドワードへの入札は必要？

アプリ広告以外のネット広告の中でも、Yahoo!やGoogleの検索連動型広告（リスティング広告）では、「ブランドワードへの入札は必要か否か」がしばしば議論になります。アプリ広告であるApple Search Adsでも同様の議論がありますが、筆者は「入札は必要」という立場です。

なぜなら、ブランドワードへの入札を行わなければ、以下の画面のように検索結果の最上部にある広告枠を競合他社に奪われる可能性があるためです（**図表19-2**）。これによって、自社のブランドワードで検索してくれたユーザーが、競合他社のアプリをインストールしてしまう可能性が発生します。

「ブランドワードへの入札は不要」とい

う立場は、「自社のブランドワードで検索するユーザーはもともとロイヤリティが高いから、広告を配信しなくても自社アプリをインストールしてくれるだろう」という期待に基づいています。それも一理ありますが、ユーザーが競合他社に流れていないことを計測し、証明することは不可能です。自社にロイヤリティの高いユーザーも広告で獲得するスタンスで、筆者はよいと考えています。

なお、ブランドワードへのターゲティングでは品質スコアが高くなる傾向にあるため、入札単価を高くしなくても十分な露出が可能です。CPIも安価になる傾向があるので、なおさらブランドワードに配信しない理由はありません。

▶ ブランドワードでの検索結果 **図表19-2**

ブランドワードで検索したとき、自社アプリの広告が表示された例（左）と、表示されなかった例（右）。表示される状態を維持するのが望ましく、ブランドワードへの入札は行ったほうがよい

● インストール状態を表す「ユーザータイプ」も選択

広告グループでは、キーワード以外にもオーディエンスの設定で広告の配信対象とするユーザーの絞り込みが可能です。その中の［顧客タイプ］(Customer Types)には、次に説明する4つの種類があります（図表19-3）。

アプリのリリース時は、ユーザータイプを限定しない［すべてのユーザー］を選択しましょう。リリース後は、新規インストールの増加を目指すなら［新規ユーザー］、休眠ユーザーの掘り起こしを狙

うなら［以前にアプリをダウンロードしたことのあるユーザー］が適切です。複数のアプリを展開している場合は、すでに自社へのロイヤリティが高いと考えられる［その他の自社アプリユーザー］を選択するのも候補に入ります。

ふだんは気にしたことがないかもしれませんが、App Storeではアプリのインストール状態によってボタン表記が変わります（図表19-4）。この違いもあらためて理解しておくといいでしょう。

▶ オーディエンスのユーザータイプを選択する 図表19-3

広告の配信対象とするユーザーを、インストール状態が異なる4種類から選択できる

▶ インストール状態によるボタン表記の違い 図表19-4

新規インストール（新規ユーザー）の場合は［入手］と表示される

以前にアプリをダウンロードしたことがある場合は雲のアイコンが表示される

インストール済みで削除もしていない場合は［開く］と表示される

20 Apple Search Adsの 入札単価を設定しよう

ターゲティングに続き、広告グループに対して入札単価の設定を行います。Apple Search Adsでは「許容CPT」（1タップあたりの広告費）として入力しますが、その金額を決める考え方について見ていきましょう。

◯ 広告グループごとに許容CPTを設定

Apple Search Adsでは、レッスン18で登場した 図表18-6 の画面（広告グループ内でセットされたキーワードの一覧）において、キーワードごとに［推奨入札範囲］を確認できます。

ただし、この［推奨入札範囲］内の単価で入札単価を設定する前に、キーワードごとの「TTR」と「CR」を見ておきましょう。TTRは「Tap Through Rate」の略でCTRと同義、CRはCVR（コンバージョン率）と同義です。

広告配信を開始すると、キーワードごとのTTRとCRの実績となる数値が割り出され、次ページの画面のように確認できる

ようになります（図表20-1）。理想的には、これらをもとにキーワードごとの許容CPIを決め、そこから逆算した許容CPTを設定するのが合理的ですが、実際には各広告グループ内のキーワードの数が多いことに加え、TTRとCRは日々変動するため、実質的に不可能です。

現実的な運用としては、各広告グループごとに許容CPIを設定し、それを実現するための広告グループごとの許容CPT、つまりレッスン18で解説した広告グループの設定項目である［デフォルトの最大CPT入札額］を設定するところからスタートすることをおすすめします。

各広告グループの許容CPIの決め方のひとつに、その広告グループ経由からインストールするユーザーの「n日LTV」をCPIとする方法があります。詳細は第9章で述べます。

▶ キーワードごとのTTRとCR 図表20-2

	Max CPT Bid	Bid Strength	Keyword	Status	Taps	Installs	TTR	CR
	¥550	━━		● Running	290	203	18.78%	70%
	¥550	━━		● Running	299	210	21.37%	70.23%
	¥650	━━		● Running	77	52	62.6%	67.53%
	¥550	━━		● Running	32	20	48.48%	62.5%
	¥550	━━		● Running	27	23	55.1%	85.19%
	¥650	━━		● Running	35	24	45.45%	68.57%
	¥600	━━		● Running	6	5	46.15%	83.33%

Apple Search Ads での広告配信を開始すると、キーワードごとに各種指標を確認できる。このうち TTR（タップ率）と CR（コンバージョン率）は成果に直結しており、これらが高いほどインストールに貢献しているキーワードだと判断できる

○ 広告グループによって目標CPIに差を付ける

広告グループごとに許容CPIを設定する、つまりレッスン18で解説した［CPA目標］を広告グループによって差を付ける場合には、各広告グループで獲得したユーザーのLTVを加味して判断する必要があります。

例えば、筆者が推奨する広告グループのうち、ブランドワードの広告グループには、アプリ名などを指名検索してインストールしてくれたユーザーの成果が表示されます。そのため、競合ワードや一般ワードの広告グループの成果として現れるユーザーよりも、アプリへのロイヤリティが高く、課金傾向も高いはずです。

よって、ブランドワードの広告グループからインストールするユーザーのLTVは高くなると予想でき、許容CPIは高めに設定してもよい、という判断ができます。逆に、競合ワードや一般ワードでは何となくインストールするユーザーが多く、LTVは伸びにくいと予想できるため、許容CPIは低めに設定すべきです。

ただし、各広告グループ経由でのインストールで、実際に何円の課金が生み出されたかは、Apple Search Adsの管理画面では計測されません。広告効果測定SDKをアプリに実装することで計測が可能になるので、その数値をもとに各広告グループごとの許容CPIを設定することになります。

21

[クリエイティブの設定]

Apple Search Adsのクリエイティブを設定しよう

このレッスンの
ポイント

Apple Search Adsのクリエイティブには、テキストだけでなく自社アプリのスクリーンショットに代表される画像や動画を設定できます。ユーザーの検索キーワードを思い浮かべ、それに適したものを入稿するようにしましょう。

○ Apple Search Adsにおけるクリエイティブとは？

Apple Search Adsは検索連動型広告なので、そのクリエイティブというと、Googleの検索結果に表示されるようなテキストベースのものをイメージするかもしれません。しかし、実際には下図のように、アイコン、タイトル（アプリ名）、サブタイトル、スクリーンショットの組み合わせとして表示されます（図表21-1）。Apple Search Adsのクリエイティブは、これらの総称と理解してください。

そして、ターゲティングするキーワードごとにジャンル分けを行い、そのジャンルごとに適切なクリエイティブを設定することで、CTRやCVRの向上が見込めます。特に、クリエイティブの中でも専有面積が大きい、アプリのスクリーンショットは重要です。横長の1枚で表現することもできれば、縦長の3枚を並べることも可能で、静止画だけでなく動画を表示することもできます。

▶ Apple Search Adsのクリエイティブの例 図表21-1

アプリのスクリーンショットは、横長の動画1枚（左）、縦長の静止画3枚（右）のような設定が可能

○ クリエイティブを出し分けするイメージをつかもう

どのようにクリエイティブを出し分けるかについては、検索されるキーワードの中でも、特にボリュームの多いものから順に検討するのが鉄則です。

例えば、App Storeで「旅行記」と検索するユーザーの目的は、「自分の旅行記をまとめたり、人の旅行記を見たりできるアプリが欲しい」だと予想できます。この場合、自社アプリで旅行記をまとめている様子のスクショをクリエイティブとして入稿することで、CTRやCVRが向上する可能性があります（図表21-2）。

他にも「旅行 食事」と検索するユーザーは、「旅先での美味しい料理を知りたい」などのニーズでアプリを検索していると考えられます。この場合は、料理名などで検索が可能なことが分かる画面をクリエイティブとして入稿することが有効でしょう。

このように検索ボリュームの多いキーワードに対してクリエイティブを出し分けられないか検討し、入稿します。

▶ キーワードごとにクリエイティブを出し分ける 図表21-2

旅行先で撮影した写真を記録したい、または他の人の記録が見たいユーザーを想定し、3枚のスクリーンショットでアプリの機能を訴求

魅力的な食事の動画で広告に意識を向かせるとともに、料理名などで検索している様子も見せることでグルメ好きのユーザーを狙う

キーワードを分類し、そのグループごとにクリエイティブを出し分ける配信手法は、上級者向けで手間もかかります。しかし、チャレンジする価値はあるでしょう。

● 広告グループごとにクリエイティブを入稿

Apple Search Adsの管理画面でクリエイティブを入稿するポイントとしては、まず出し分けるクリエイティブごとに、広告グループを作成しておきます。

次に、IMPの多い完全一致のキーワードを5〜10個、各広告グループに追加します。そして、広告グループごとに、最大3つの縦向き画像または1つの横向き画像を

クリエイティブとして追加します。具体的な画面は以下の 図表21-3 と 図表21-4 を参照してください。

なお、iPhone用とiPad用で別々の広告グループを作成することも推奨されていますが、ほとんどiPadへの配信が出ないアプリであれば、わざわざ作成する必要はありません。

▶ クリエイティブのセットを作成する 図表21-3

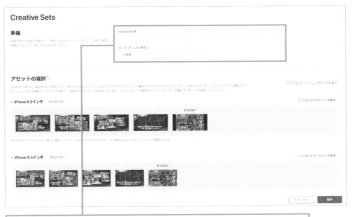

静止画や動画などのクリエイティブを登録するためのセットを作成する

▶ クリエイティブのプレビューを確認する 図表21-4

作成した広告のクリエイティブは管理画面内でプレビューすることも可能

Apple Search Adsの配信を最適化しよう

このレッスンの
ポイント

本章の締めくくりとして、**Apple Search Ads**の最適化について考えていきます。実際に運用を開始し、その結果が管理画面の数値として表れてきたところで、今後の運用を軌道修正していくポイントを紹介します。

○ 広告が最適化された状態とはどのような状態？

ここまでのレッスンを通じて、Apple Search Adsの配信に最低限必要な知識をすべて習得できたと思います。本レッスンでは、実際に広告の配信を開始してから、どのようにして運用を改善し、最適化していくかについて学びます。

まず、広告が最適化された状態とはどのような状態を指すのかを理解しましょう。これは「各キャンペーンの予算において

低CPI、かつインストールボリュームを最大化できている状態」です。つまり、決められた予算の中で、CPIとインストールボリュームが効率的にバランスしている状態といえます。

この状態を実現するための大まかな流れを以下に図示します（図表22-1）。①～③の3ステップがありますが、以降でひとつずつ解説していきます。

▶ **アプリ広告が最適化された状態を目指す3つのステップ** 図表22-1

STEP 1	各広告グループにおいて、**効果の低いキーワードへの配信を停止する**ことで配信対象を絞る。さらに、そのキーワードを**除外キーワードとして設定**し、検索マッチの広告グループでの配信を効率化する。
STEP 2	各広告グループにおいて、**効果の高いキーワードについては許容CPI以下でインストールが最大限獲得できるCPCで入札**する。結果、インストールボリュームの増加が期待できる。
STEP 3	調査ワードの広告グループにおいて効果の高いキーワードを抽出し、それをブランドワード、競合ワード、一般ワードの広告グループにおいて**完全一致で配信**を行うことで、効果の高いキーワードの数を増やしていく。

NEXT PAGE →

● 効果の低いキーワードは除外設定

それでは、図表22-1の①について解説します。以下の図表22-2は、あるゲームアプリにおける競合ワードの広告グループ内で入札しているキーワードの一部を、Apple Search Adsの管理画面で確認しているところです。ステータスが「Paused」のキーワードは、CPIが高騰したため配信を停止しています。

これらの停止したキーワードを調査ワードの広告グループで配信しないように、「Negative Keywords」（除外キーワード）として設定していきます。こうすることで、調査ワードでの広告グループでも、そのキーワードに関しては配信しないように制御が可能です。

ブランドワード、一般ワードの広告グループでも同様に効果の低いキーワードを調べ、それらを調査ワードで除外設定すると、広告グループ間での関係は図表22-3のように表せます。

▶ 広告グループ内のキーワードごとの成果の例 図表22-2

¥280	▬▬▬		● Running	¥522 - ¥2,333	¥6,250	¥1,250		¥260
¥280	‑‑‑‑‑	[わらうあるすの…	‖ Paused	—	¥6,223	¥3,112		¥259
¥490	‑‑‑‑‑		● Running		¥6,161	¥2,054		¥385
¥1,040	▬▬		● Running		¥5,816	¥0		¥582
¥280		[ファントムオブ…	‖ Paused		¥5,408	¥2,704		¥246
¥470		[アイアンサーガ]	‖ Paused		¥5,154	¥5,154		¥322
¥280			● Running		¥4,904	¥0		¥163
¥280			● Running		¥4,438	¥888		¥247
¥280		[グリムノーツ]	‖ Paused		¥4,233	¥4,233		¥212

Apple Search Adsの配信を開始したら、ブランドワード、競合ワード、一般ワードの広告グループ内のキーワードごとの成果を確認。他のキーワードに比べて効果が低いものは配信を停止する

▶ 広告グループ間での除外キーワードの設定 図表22-3

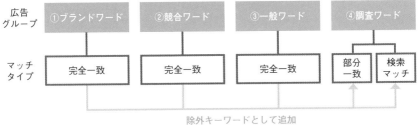

広告グループ

①ブランドワード　②競合ワード　③一般ワード　④調査ワード

マッチタイプ

完全一致　完全一致　完全一致　部分一致　検索マッチ

除外キーワードとして追加

● 効果の高いキーワードは入札単価を上げる

続いて②です。各広告グループ内のキーワードで、管理画面上のレポートにおいてCPIが安価なキーワードは、多少CPIが上昇してもいいので入札単価を上げ、インストール数が増えるようにします。

しかし、この運用には注意点もあります。CPIが安価であっても、検索ボリュームが少ないキーワードについては、単純に入札単価を上げるだけではインストール数が増えません。そのようなキーワードは、管理画面で「Impressions」が少ないことから見分けがつきます。

よって、CPIが安価、かつImpressionがそれなりにある（少なくとも数百／月はある）キーワードを対象に入札単価を上げることで、インストールボリュームを増やす運用を試みましょう。

● 検索マッチで効果の高いキーワードは移動させる

最後に③ですが、調査ワードの広告グループで効果の高いキーワードを抽出し、ブランドワード、競合ワード、一般ワードの広告グループに完全一致で手動登録していきます。

そもそも検索マッチは、Apple Search Adsが自社アプリにマッチしたキーワードに自動入札する設定です。よって、有効なキーワードの抜け漏れを特定することには長けていますが、それらのキーワードの入札単価を最適にコントロールすることには長けていません。

そのため、検索マッチで有効性が確認されたキーワードは、その他の広告グループに移動させて個別に入札単価を設定し、CPIとインストール数のバランスを最適化していきましょう。 その関係は以下の 図表22-4 で表した通りです。

▶ 広告グループ間での効果の高いキーワードの設定 図表22-4

このように各広告グループの検索ボリュームを増やすことが、ASAのインストールボリューム最大化の一歩です。

ⓘ COLUMN

iOS 14.5以降の広告トラッキングについて思うこと

Appleは2021年4月にリリースしたiOS 14.5において、プライバシー保護機能「App Tracking Transparency」（ATT）を導入しました。その結果、サードパーティー製のアプリがユーザーの行動を追跡する際には、ユーザーに許可を求めることが必須となりました。

もともとAppleはユーザーに対してIDFAと呼ばれる広告識別子を割り当てており、広告主はこのIDFAを利用してユーザーをトラッキングすることで、ユーザーごとに最適化された広告を表示することが可能でした。しかし、現在ではATTの導入により、IDFAによるトラッキングの可否をユーザーが選択できるようになっています。

その一方で、Appleはプライバシーに配慮した仕組みとして「SKAdNetwork」の提供を開始しています。SKAdNetworkはIDFAを使わずに、どの媒体（アプリ）からどれだけのインストールが発生したのかを計測可能にする仕組みです。

これまでトラッキングツールといえば、本書でも登場したAppsFlyerやAdjustといった広告効果測定SDKが代表例でした。歴史をたどると、日本におけるトラッキングツールの元祖といえばF.O.X

やParty Trackといった広告代理店が提供するトラッキングツールが有名です。それらに代わって、アトリビューションの公平性を担保するために、独立性の高いAppsFlyerやAdjustのようなアトリビューションツール専門のベンダーが提供するトラッキングツールが普及しました。そこにSKAdNetworkが今回登場したということになります。

AppleはApple Search Adsという広告プロダクトも提供しているため、広告媒体と広告効果をジャッジする仕組み、アプリのプラットフォームのすべてを1社ですべて保有することになります。この状況は、先行して成熟したWeb領域におけるGoolgeと酷似します。

Googleはリスティング広告やGDNなどの広告媒体を提供しつつ、Web領域のトラッキングツールとして「Googleアナリティクス」が広く使用されています。このような状況でも特段問題が起きてないことから、成熟した市場においてはプラットフォーマーが提供する仕組みのほうが、保持するデータのアドバンテージから有用になる可能性もあります。

> プライバシー保護の観点からも、AppsFlyer や Adjust といったサードパーティーツールへの情報提供は、より限定的になっていく可能性もあります。iOS のトラッキングの仕組みとして SKAdNetwork を使用する企業の割合は高まるかもしれません。

Chapter

4

Googleアプリ
キャンペーンの運用を
始めよう

世界最大のネット広告プラット
フォーム・Google広告の種類
のひとつがアプリキャンペーン
です。Google Playへの配信が
可能といった特徴を踏まえつつ、
運用のコツを紹介します。

23

[Googleアプリキャンペーンとは]

Googleアプリキャンペーンの概要を理解しよう

このレッスンの
ポイント

Google Playへの広告配信が可能な**Google**アプリキャンペーンは、前章で学んだ**Apple Search Ads**と並んで、アプリマーケターには欠かせない広告媒体です。その特徴や前提となる知識を、ひと通り見ていきましょう。

◯ Google広告のフォーマットのひとつがアプリキャンペーン

Googleは検索、Gmailといったwebサービスや、Android OSの開発元といったイメージが強いかもしれませんが、広告プラットフォーム「Google広告」により、ネット広告市場においてグローバルシェアNo.1を誇る企業でもあります。このGoogle広告は、日本においてもっとも多くの広告配信在庫を保有する媒体で、おおまかに下表に示した4つのフォーマットに分類できます（図表23-1）。

本書で主に解説する④アプリキャンペーンは、アプリインストール配信向けの広告フォーマットとなります。①検索広告、②ディスプレイ広告、③動画広告と比較した④の特徴としては、①〜③の配信面に加え、Google Play（Playストア）内の広告枠（検索／ディスプレイ）に配信されることが挙げられます。

▶ **Google広告の4つのフォーマット** 図表23-1

広告の種類	概要
①検索連動型広告	Googleの検索結果に表示されるテキストベースの広告。キーワードでのターゲティングを基本としつつ、地域での絞り込みやリターゲティングも可能。
②ディスプレイ広告	Google Display Network（GDN）と呼ばれる、Googleが提携するWebメディアやアプリなどの広告枠に配信される。静止画をクリエイティブとした、いわゆるバナー広告がメイン。性別・年齢などのデモグラフィックのほか、インタレストカテゴリ（興味関心）に基づくターゲティングができる。
③動画広告	主にYouTubeにおいて、動画の再生前後や再生途中に挿入される動画クリエイティブの広告。デモグラフィックやインタレストカテゴリによるターゲティングが可能。
④アプリキャンペーン	アプリのインストール促進を目的とした広告。Google PlayのほかGDNやYouTubeにも広告を配信できる。

機械学習に基づいて自動でターゲティング

Googleアプリキャンペーンには、配信方法として細かいターゲティングが一切ないという特徴もあります。Googleが保有する膨大なアプリ内の行動データやユーザー属性、検索行動、さらにはGDN内でのユーザーの回遊行動など、あらゆるビッグデータを活用した機械学習による精度の高い配信が可能です（図表23-2）。また、配信先の制御も機械学習によって行われます。

よって、広告主が考えるべき3つの変数であるターゲティング、入札単価、クリエイティブのうち、ターゲティングは自動で行われると理解してください。

▶ Googleアプリキャンペーンにおけるターゲティング 図表23-2

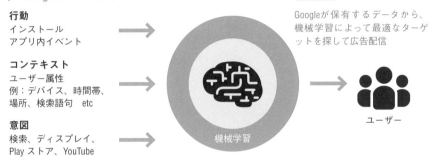

行動
インストール
アプリ内イベント

コンテキスト
ユーザー属性
例：デバイス、時間帯、
場所、検索語句　etc

意図
検索、ディスプレイ、
Play ストア、YouTube

機械学習

Googleが保有するデータから、機械学習によって最適なターゲットを探して広告配信

ユーザー

Google Playに広告配信が可能な唯一のプラットフォーム

Google アプリキャンペーンは、Apple Search Adsと同じくアプリストアへの広告配信が可能で、Google Playに限れば唯一のプラットフォームです。Google Play におけるグローバルでのアプリインストール数は、2020年の実績で650億と、極めて膨大な数となっています。

この点だけでも、私たちアプリマーケターがGoogleアプリキャンペーンに優先的に取り組む理由になりますが、重要な点がもう1つあります。それは前述した機械学習によるターゲティングです。

Google は検索、GDN、YouTube、Google Playなどでのユーザーの回遊行動データをすべて保有しているため、「自社アプリをインストールしてくれそうな人」を見つけられるポテンシャルは、他のどの広告媒体よりも高いはずです。アプリ広告の中でのGoogleアプリキャンペーンの優先度は非常に高いといえるでしょう。

Google Play（Play ストア）に広告を直接配信できることは、Android ユーザーに自社アプリをアピールする最高の機会となります。

[キャンペーンと広告グループの作成]

Googleアプリキャンペーンを作成しよう

**このレッスンの
ポイント**

Google広告の管理画面でアプリのプロモーションを目標としたキャンペーンを作成すると、それが**Google**アプリキャンペーンとなります。その下の階層である広告グループも含めて、設定や名前付けのポイントを紹介します。

○ アプリのプロモーションが目的のキャンペーンを作成

Googleアプリキャンペーンの広告配信を開始するには、Google広告の管理画面にサインインし、新しいキャンペーンを作成します。キャンペーンの目標で［アプリのプロモーション］を選択すると、キャンペーンタイプが［アプリ］となり、アプリキャンペーンとして設定されます（**図表24-1**）。

▶ **Google広告でアプリを宣伝するキャンペーンを作成する** 図表24-1

Google 広告の管理画面で新しいキャンペーンを作成し、キャンペーンの目的で［アプリのプロモーション］を選択。キャンペーンタイプは自動的に［アプリ］となる

インストール数の増加が目的の場合、キャンペーンのサブタイプでは［アプリインストール］を選択する

Chapter 4 Googleアプリキャンペーンの運用を始めよう

⭘ キャンペーンの日予算と重視するKPIを設定

キャンペーンの名前については、みなさんのチームでルールを決めて構いませんが、筆者は「新規（or リタゲ）_Android（or iOS）_V1」といった命名規則をおすすめします。「V1」の部分は配信の最適化ポイントを表しており、「V2」「V3」「V4」まで存在します。これについては次レッスンで解説します。

続いて［地域］や［言語］を選択したあと、「このキャンペーンの1日の平均予算を設定してください」という項目で、キャンペーンの日予算を設定します。さらに、「重視している要素は何ですか？」という項目で、キャンペーンの最適化をどのKPIで行うかを選択します（図表24-2）。詳細は後述しますが、アプリをリリースしたばかりの場合は［インストール数］を選んでください。

これでキャンペーンの作成は終了です。次は広告グループに進みます。

▶ キャンペーンを最適化するKPIを選択する 図表24-2

［重視している要素は何ですか？］では［インストール数］を選択する

アプリ広告の初期の目的はほぼ間違いなく「アプリのインストール」なので、それに適した設定でキャンペーンを作成します。

NEXT PAGE ➡

● 広告グループ名はクリエイティブが分かるものに

広告グループでも、広告グループ名を決める必要があります。キャンペーンで新規またはリターゲティング、アプリのOSなどを決めたのに対し、広告グループではクリエイティブを指定するので、クリエイティブの内容が分かる名前を付けるのがいいでしょう。以下は広告グループの一覧の例です（図表24-3）。

例えば、広告グループAでは汎用のクリエイティブをすべて入稿し、広告グループBではアプリ内のイベントなど配信期間が限定されているクリエイティブのみを入稿する、といった差を付けるのが一般的です。

また、広告グループに入稿するクリエイティブには、広告見出し、説明文、静止画、動画があり、それぞれ入稿本数に制限があります。ポイントとしては、静止画、動画は制限いっぱいまで入稿すべきです。理由は、入稿したクリエイティブが多いほど、Googleの機械学習が有効に働き、最適化がより進みやすくなるからです。加えて、クリエイティブのフォーマットをできる限り多く入稿することで、配信面も多様になります。

▶ 広告グループの一覧の例 図表24-3

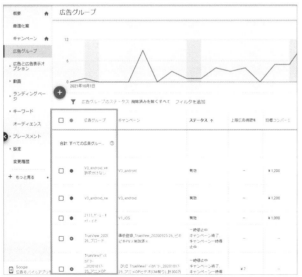

広告グループの名前は、その中に登録されているクリエイティブが分かるものにするとよい

アプリキャンペーンには手動でのターゲティングがないため、ここまでの日予算（入札単価）とクリエイティブの設定で、いったん配信準備が整うことになります。

25 ［ターゲティングの設定］

Googleアプリキャンペーンの ターゲティングを設定しよう

このレッスンの
ポイント

Googleアプリキャンペーンでは、アプリのインストール数やアプリ内で特定行動をとるユーザーなどを対象にターゲティングの最適化を行います。本レッスンでは、その基本方針となる設定と仕組みについて理解しましょう。

まず「どこを最適化ポイントにするのか？」を決める

すでに述べたように、Googleアプリキャンペーンのターゲティングは自動的に最適化されます。Apple Search Adsではキーワードを手動で指定した配信と、検索マッチのような自動最適化を利用した配信を併用しましたが、Googleアプリキャンペーンでは手動での配信制御がないのが特徴です。

ただし、最適化の対象とするKPIは、広告主が決める必要があります。そこで意識したいのが、「どこを最適化ポイントにするのか？」と、「その最適化ポイントに対して何円の入札を許容するのか？」の2点です。

そして「どこを最適化ポイントにするのか？」については、前レッスンのキャンペーン名の付け方でも登場した、「V1」「V2」「V3」「V4」の4つの選択肢があります（図表25-1）。

V1〜V4という呼称は、アプリマーケティング界隈での慣例的なものなので、下表にある意味もしっかり理解してください。このうち、もっとも重要なのはV1配信で、V1配信を行わないと、機械学習によるV2配信以降への最適化が難しくなります。

なお、V3とV4はかなり応用的な手法になるため、本書では扱いません。

▶ Googleアプリキャンペーンにおける最適化の種類 図表25-1

種類	最適化ポイント（KPI）
V1配信	アプリのインストール
V2配信	アプリのインストール、かつアプリ内の特定行動が見込めるユーザー
V3配信	アプリ内の特定行動が見込めるユーザー
V4（tROAS）配信	広告費に対するコンバージョン価値（収益額）、ROAS

● 日予算を設定したら2週間は変更せずに最適化を待つ

V1配信について詳細に見ていきます。これはアプリのインストールをもっとも効率よく得ることを目的とし、目標CPI＝入札単価をキャンペーン内で設定して配信する手法です。

Googleアプリキャンペーンにおける日予算は、目標CPI（＝入札単価）×50以上が推奨されている値です。以下の画面（**図表25-2**）では日予算を48,000円に設定していますが、この場合、目標CPIは48,000÷50＝960円となります。この「日予算≧目標CPI（＝入札単価）×50」のルールは、自動最適化をかけるために必要なGoogleアプリキャンペーン経由でのインストール数が50インストール／日で

あり、これを下回ると機械学習の精度が落ちることからきています。

また、Googleアプリキャンペーンの最適化には、配信開始から2週間程度の期間が必要です。その間は入札単価もクリエイティブも日予算も、すべて変更してはいけません。途中で変更すると、その時点で最適化がリセットされてしまうためです。

最適化がかかる2週間のうち、前半の1週間はIMPが多く出て、CPIが高騰する傾向にあります。しかし、後半の1週間で最適化が働き始め、目標CPIに近づいてくることが一般的です。

▶ キャンペーンの日予算の例 **図表25-2**

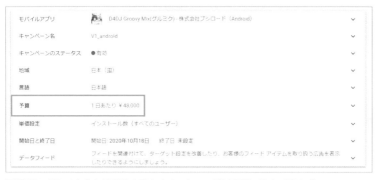

モバイルアプリ	D4DJ Groovy Mix(グルミク)・株式会社ブシロード（Android）	⌄
キャンペーン名	V1_android	⌄
キャンペーンのステータス	● 有効	⌄
地域	日本（国）	⌄
言語	日本語	⌄
予算	1日あたり ¥48,000	⌄
単価設定	インストール数（すべてのユーザー）	⌄
開始日と終了日	開始日 2020年10月18日　終了日 未設定	⌄
データフィード	フィードを関連付けて、ターゲット設定を改善したり、お客様のフィード アイテムを取り扱う広告を表示したりできるようにしましょう。	⌄

目標CPIに対して十分な日予算を設定することで、機械学習の精度が落ちず、
安定した最適化配信が期待できる

最適化に必要な2週間のうち、前半は配信対象をなるべく広げて検討している期間、後半はその結果から配信対象を絞り、効率化を図っている期間と捉えてください。

● アプリ内で特定行動をとるユーザーにも最適化が可能

次に、V2配信です。図表25-1では「アプリのインストール、かつアプリ内の特定行動が見込めるユーザー」と記載しましたが、アプリ内の特定行動が見込めるユーザーとは、ゲームアプリでいえば「課金しやすいユーザー」です。つまり、V2配信は「課金しやすいユーザーへのインストール最適化」と考えると分かりやすいでしょう。非ゲームアプリであれば、アプリ内の収益化に近い会員登録や資料請求などの行動をしやすいユーザーへのインストール最適化、となります。

以下の画面を例として示します（図表25-3）。このキャンペーンでは［どのようなユーザーをターゲットに設定しますか？］の項目で、［アプリ内での行動が見込めるユーザー］が選択されています。また［最も重要なアクションはどれですか？］という項目には、「user_grade_（特定の数値）」という記載があります。この「grade」は、アプリ内でのプレイ深度を定義したもので、ロールプレイングゲームでいう「レベル」と同じと考えてください。

つまり、このキャンペーンは特定の数値のレベルに到達するほどゲームをやりこんでいる（＝より課金しやすいと思われる）ユーザーに対してインストールを最適化する、という設定になっています。

ただし、このようなV2配信を行う場合、アプリ内での特定行動を取得するために広告効果測定SDKと連携する必要があります。これについては次のレッスンで解説します。

▶ アプリ内の特定行動の例　図表25-3

アプリ内での特定行動と、その行動の内容を定義することで、「課金しやすいユーザーへのインストール最適化」が行える

「ゲームアプリをやりこみそうなユーザーなんて、どうやったら分かるの？」と思ってしまいますが、Googleの機械学習なら、それが可能です。

V2配信のために 広告効果測定SDKと連携しよう

前レッスンで述べた**V2配信**で必要な、**広告効果測定SDK**との連携についての概要を理解しましょう。最適化のキーとなる「アプリ内での特定行動」を定義する情報を**SDK**から取得し、**Google広告**で利用できるようにします。

広告効果測定SDKでカスタムイベントを計測

V2配信のために連携する広告効果測定SDKは、レッスン10で述べたAdjustなどと同じものです。ほかにもGoogleが提供する「Firebase」というツールも利用できますが、本書では広告効果測定SDKとの連携でのみ説明します。

広告効果測定SDKをアプリに実装すると、インストール数、クリック数、インプレッションといった指標が計測できるようになることが一般的です。しかし、前レッスンで登場した「特定の数値のレベルに到達したユーザー」や、例えば「チュートリアルを突破しそうなユーザー」といった特定行動を計測するには、広告効果測定SDKで「カスタムイベント」を定義する必要があります。

Adjustを例にしたイメージとしては、以下のように新規にイベントを定義し、イベントトークンを発行してエンジニアにアプリへの実装を依頼します（図表26-1）。

▶ 広告効果測定SDKでのイベントトークンの発行 図表26-1

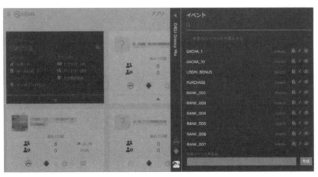

自社アプリでの特定行動を「イベント」として定義し、それを計測する
ためのトークンの実装をエンジニアに依頼する

○ Google広告の管理画面で広告効果測定SDKと連携

広告効果測定SDKでの準備が完了したら、Googleアプリキャンペーンと広告効果測定SDKを連携する設定を行うともに、アプリ内で取得したいイベントデータの設定を行います。この連携が完了したら、Google広告の管理画面にアクセスし、V2配信用のキャンペーンを作成してください。

その後、キャンペーン内の［設定］から［単価設定］のメニューを開きます（図表26-2）。［重視している要素は何ですか？］で［イ

ンストール数］を選択し、［インストール数のトラッキング方法を選択してください。］で広告効果測定SDK（画面内ではAdjust）を選択しましょう。

さらに、［最も重要なアクションはどれですか？］には、広告効果測定SDKで定義したイベントが候補として表示されるので、V2配信の最適化対象としたいイベント（＝アプリ内での特定行動）を指定します。これでV2配信を行うための広告効果測定用SDKとの連携が実現します。

▶ V2配信用のキャンペーンを設定する 図表26-2

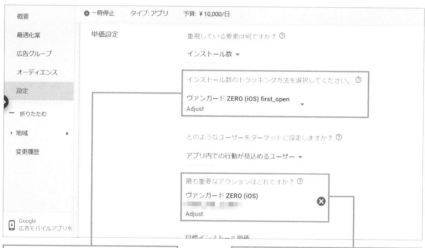

あらかじめ Google 広告と広告効果測定 SDK を連携しておき、［インストール数のトラッキング方法を選択してください。］で選択する

［最も重要なアクションはどれですか？］で、広告効果測定 SDK で定義したイベントを選択する

アプリへのカスタムイベントの組み込みは、エンジニアの業務範囲です。アプリマーケターとしては「このようなカスタムイベントを計測してほしい」という要件定義ができればまずは OK です。

27 ［クリエイティブの設定］
Googleアプリキャンペーンの
クリエイティブを設定しよう

**このレッスンの
ポイント**

Googleアプリキャンペーンでは、Googleの機械学習を最大限に働かせるべく、クリエイティブは最大数を入稿するのが基本です。クリエイティブの種類ごとの最大数と、優先的に制作すべきサイズを理解しましょう。

○ クリエイティブは常に最大数の入稿を目指す

レッスン24で述べた通り、Googleアプリキャンペーンのクリエイティブは、できる限り多く入稿するのが鉄則です。それだけGoogleの機械学習が働きやすくなり、より精度の高い最適化配信が可能になるからです。

以下はGoogle広告の管理画面でアセットの一覧を表示したところです（図表27-1）。［アセットタイプ］の列にクリエイティブの種類が表示されていますが、「広告見出し」「説明文」については、それぞれ最

大数が5個となっています。また、「画像」や「YouTubeの動画」、「HTML5」（プレイアブル広告）については、それぞれ最大数が20個となっています。いずれもなるべく、最大数のクリエイティブを入稿するようにしましょう。

なお、［掲載結果］の列に表示される「最良」「良」「低」などの記載は、Googleによって成果の良しあしを判断された結果となっています。

▶ アセット（クリエイティブ）の一覧の例 図表27-1

アセット	ステータス ↓	アセットタイプ	掲載結果
ブシロード・リズムゲーム 広告プレビューを表示	承認済み	広告見出し	良
1200×628 広告プレビューを表示	承認済み	画像	調整中
1200×628 広告プレビューを表示	承認済み	画像	最良
ブシロードがおくるリズムゲーム 広告プレビューを表示	承認済み	広告見出し	最良
1200×628 広告プレビューを表示	承認済み	画像	調整中
1200×628 広告プレビューを表示	承認済み	画像	調整中
320×628 広告プレビューを表示	承認済み	画像	調整中
D40Jにハマる人。続出中。爽快感抜群のリズムゲームを今すぐプレイ 広告プレビューを表示	承認済み	説明文	低
1200×628 広告プレビューを表示	承認済み	画像	調整中

クリエイティブの種類は［アセットタイプ］で確認可能。それぞれの種類での最大数の入稿を目指す

⬤ 優先的に入稿すべきクリエイティブは？

とはいえ、広告運用の現場では、画像や動画を作る人的リソースに限りがあるため、クリエイティブを網羅的に入稿できないことが往々にして起こります。そのようなときのために、優先して制作すべきクリエイティブのポイントを覚えておきましょう。

Googleアプリキャンペーンにおいて、もっとも注力すべきクリエイティブのフォーマットは動画、次いで静止画です。理由は、Googleアプリキャンペーン上での広告配信在庫がもっとも多いからです。以下にGoogleが推奨するクリエイティブ

のポイントを図示します（図表27-2）。

動画は15〜30秒の尺を最優先で制作しましょう。6秒の動画もYouTubeでの配信在庫がかなり多いので、制作のプライオリティが上がります。動画の縦横比は16:9（横型）、2:3（縦型）、1:1（正方形）がありますが、16:9（横型）の優先度がもっとも高いです。

静止画については、1:1（1200×1200）、1.91:1（1200×628）、4:5（1200×1500）の3つの縦横比・ピクセルサイズを入稿すれば問題ありません。

▶ **Google広告における動画・静止画のベストプラクティス** 図表27-2

動画

☑ 16:9（横型）、2:3（縦型）、1:1（正方形）を網羅する。

☑ 最初の2秒でユーザーの興味を引く。動画の最初 1/4 以内でクリックされると CVR が高く、CPI は低くなる。

☑ ナレーションを使用し、ユーザーにとってほしい行動を明確に伝える。「今すぐインストール！」など。

☑ 異なる尺の動画（15〜30秒）を入稿する。

☑ さまざまな種類のクリエイティブを試す。

静止画

☑ 最小限ながら正確な文章を入れたシンプルなデザインにする（小さいスクリーンで表示される可能性があるため）。

☑ アプリから取得した関連性の高い画像を使用する。

☑ 信頼性を上げるため、アプリのアイコンやロゴを入れる。

☑ 最大数の20個まで画像をアップロードする。

☑ 同じサイズの違ったテーマの画像もアップロードする。

☑ 高解像度でアップロードする。

クリエイティブは量産できればいいですが、限られた制作リソースの場合、上記を優先して制作しましょう。

[配信の最適化]

28

Googleアプリキャンペーンの配信を最適化しよう

このレッスンの
ポイント

Googleアプリキャンペーンでの広告配信に関する手法をひと通り学びました。本章の最後のレッスンでは、その配信を改善し続けるプロセスを理解しましょう。**V1**と**V2**、いずれの配信手法でもシンプルにまとめられます。

● 各クリエイティブの配信結果を見て入れ替える

Googleアプリキャンペーンの最適化にあたっての基本方針は、これまでのレッスンで述べた2点に集約できます。すなわち、①できる限り最大数のクリエイティブを入稿する、②配信から2週間が経過するまでは日予算や入札単価、クリエイティブなどを変更しない、の2点です。

配信から2週間が経過すると、前レッスンで示した画面で見たように、クリエイティブごとに「最良」「良」「低」といった結果が表示されます。「最良」のクリエイティブに配信を寄せ、「低」の配信は停止しましょう。

「良」の対応はケースバイケースです。例えば「最良」が複数本存在し、手元に差し替え用のクリエイティブストックが豊富に存在する場合、「良」は停止しても構いません。

● 「最良」の共通項を追加のクリエイティブに盛り込む

追加のクリエイティブを作成するときには、すでに「最良」と判定されたクリエイティブの共通項に注目しましょう。

ゲームアプリの事例でいうと、よい結果を出すクリエイティブのほとんどは、動画フォーマットに寄っていきます。その動画の中でも、訴求軸と動画の構成(起承転結)に目を付けます。

ゲームにおける訴求軸とは、レッスン15でも述べた世界観、キャラクター、スト

ーリーなどの要素です。また、それらが動画内でどのように構成されているか、例えば、冒頭でキャラクターを訴求してユーザーの興味を引いた後、ゲーム内のバトルシーンが分かるようにする、といった部分を見ていきます。

「最良」クリエイティブの中に、こうした訴求軸と動画の構成に共通項があれば、追加のクリエイティブの中に盛り込んでPDCAを回していきます(図表28-1)。

好調動画の横展開
・他パターン、他媒体展開
・訴求検証
・テキスト検証

新規入稿シミュレーション
・入稿キャンペーン選定
・新規クリエイティブ入稿

動画精査
・配信結果のフィードバック
・好調クリエイティブ分析

動画配信
・入札コントロール

アプリ広告の動画クリエイティブ制作においては、上記のようなPDCAサイクルを意識するとよい。配信結果から好成績を残した動画を確認し（Check）、何がよかったのかを分析したうえで、似たパターンを横展開して制作する（Action）ことを心掛ける

○ 月またぎの予算増加時はなだらかな運用を

繰り返し述べてきたように、Googleアプリキャンペーンは機械学習を通じて自動最適化配信を行う媒体です。この特徴は、日予算と入札単価をあまり崩さず、一定の日予算で配信し続けることが理想的である、ということも意味します。

しかし、多くの企業では月ごとに広告予算が決まっていることが多いでしょう。例えば、4月の予算は500万円だが、5月の予算は駆け込み需要を刈り取るために2,000万円が計上されているとします。このとき、5月に入ったタイミングで日予算や入札単価を一気に上げると、そこから最適化が崩れてしまいます。

Googleアプリキャンペーンでは、日予算と入札単価の変動幅が±20%であれば、最適化が崩れずに配信し続けられるとされています。月をまたいで広告予算が変動するときは、なだらかな形での運用を心掛けてください。

月またぎの予算の増減があるかどうかを、当月の早いタイミングで確認しましょう。そうすることで最適な日予算の配分が可能になります。

インハウスと広告代理店の判断基準と注意点

アプリ広告に限らず、ネット広告運用全般についての話題として「インハウスでの運用と広告代理店での運用はどちらがいいのか？」がよく挙がります。「インハウス」とは、広告運用を自社の社内で行うことを指します。

筆者の結論としては、まずは少額からでいいので、主要媒体に関してはみなさん自身で運用することをおすすめします。そのうえで状況にあわせて、インハウスで運用するか、広告代理店に委託するかを決めてください。

その判断基準として、下表のようにインハウスと広告代理店のメリット、デメリットを2つずつまとめました。それぞれについて補足します。

インハウスのメリット①は、一見もっともらしいのですが、相当胆力のいる活動です。主要媒体だけでもアップデートは日進月歩であるため、それをキャッチアップするためのコストが異常に高く、その割に情報の賞味期限が短いからです。意外にメリットにならないことも多いと思います。

インハウスのメリット②は、自社のスタッフは代理店の担当者と比較すると自社コンテンツへの理解が深く、業務

に対するコミットメントも高いという点です。ただ、これもケースバイケースというのが筆者の意見です。

インハウスのデメリット①は、運用スタッフは社内においては特殊人材であることに起因します。他業務への流動性が低いため、月によって広告費が大きく変動する企業では、固定費としてインハウス人員を多く抱えることはリスクでしかありません。

インハウスのデメリット②は、メリット①の裏返しでもあります。インハウスで運用を行っている人と、さまざまなクライアントの予算を預かって大規模な運用している広告代理店の人とでは、運用に関して入ってくる情報量がまったく異なります。

一方、広告代理店のメリット①②は、インハウスのデメリット①②が入れ替わる形になります。そして、問題になるのは、やはりデメリット①②でしょう。手数料がかかるぶん、そのコストが妥当かどうかを総合的に判断する必要があるほか、代理店のスタッフは自社をつきっきりで見てくれるわけでないので、運用を監督するマネジメントコストがかかってきます。

特徴		インハウス	広告代理店
メリット	①	広告運用ノウハウを社内に集約できる	最新の媒体情報や運用手法を取り入れやすい
	②	自社コンテンツへの理解や業務へのコミットメントが高い	スペシャリスト人材の固定費を流動化できる
デメリット	①	スペシャリスト人材の固定費がいざというときに流動化できない	手数料が発生する
	②	最新の広告運用ノウハウにキャッチアップしづらい	マネジメントコストがかかる

Chapter

5

Twitter広告でアプリの
インストールを増やそう

日常的な「つぶやき」を投稿す
るSNSとして人気のTwitterは、
アプリ広告を展開するための媒
体としても適しています。
Twitter広告をアプリマーケテ
ィングで活用しましょう。

Twitter広告の概要を理解しよう

このレッスンのポイント

Twitter広告はApple Search AdsやGoogle広告と異なり、アプリストアへの広告配信ができません。しかし、ユーザーの日常により近い広告媒体としての特徴を生かし、アプリストアへの強力な導線を張ることが可能です。

◯ 速報性と拡散性に優れたSNS

Twitterは、グローバルでは約2億mDAUほどのユーザーがいるSNSです。「mDAU」という聞き慣れない用語が登場しましたが、これはTwitterが独自に定義している「monetizationDAU」という指標で、マネタイゼーション、つまり収益化（広告配信）が可能なデイリーアクティブユーザー数という意味になります。

一方、日本国内でのTwitterのMAUは、およそ4,500万人ほどと推定されます。いわゆる4大SNSの中で2番目の規模と、非常に重要な広告媒体であることは疑いよう

がありません（図表29-1）。

また、他のSNSと比較すると、今起きている出来事をリアルタイムで取得することに長けるという性格を持ちます。実際、ニュース速報、地震や災害などの情報、交通機関の遅延情報など、リアルタイム性が重要な情報は、Twitterで見ることが多いのではないでしょうか。

さらに「リツイート」に代表されるように、情報を拡散させやすい機能を持つのも、他のSNSにはないTwitterならではの特徴となっています。

▶ 国内主要SNSのMAU推移　図表29-1

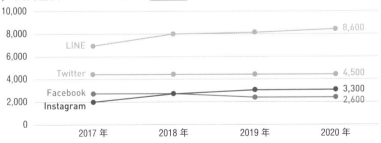

出典：Gaiax ソーシャルメディアラボ｜【最新版】2021年10月更新。12のソーシャルメディア最新動向データまとめ
https://gaiax-socialmedialab.jp/post-30833/

ユーザーの趣味嗜好に基づいたターゲティングが可能

第3章、第4章では、App StoreやGoogle Playに広告を直接配信できるプラットフォームについて解説してきました。しかし、そうしたアプリストアにTwitter広告を直接配信することは不可能です。Twitter広告では、Twitterを回遊しているユーザーに広告を露出し、それをクリックしてもらうことで、App StoreやGoogle Playにある自社アプリのストアページへ遷移させることになります。

明らかに遠回りにはなるのですが、それでもTwitterは有力な広告媒体です。なぜなら、日頃の何気ない投稿や検索行動、フォローしているアカウントなどに基づいたターゲティングができるなど、ユーザーの趣味嗜好と深く結びついた広告配信が可能だからです。特に日本のゲームアプリでは、Facebook/Instagramと比較しても、Twitterのほうが多くの広告予算を割くケースが多い印象です。

アプリ広告向けの「モバイルアプリプロモーション」

Twitter広告のフォーマットは、広告主の目的に応じて、さまざまなものが利用できます。例えば、Twitterアカウントのフォロワー数を増やしたい場合、フォロワー数を増やすことに最適化した「プロモアカウント」という配信フォーマットがあります。

しかし、アプリマーケティングにおいて使用するのは、「モバイルアプリプロモーション」という1つの広告フォーマットに絞れます。図表29-2のように動画や静止画のクリエイティブを使ったフォーマットで、「TwitterMAP」とよく略されます。

▶ **Twitter広告のモバイルアプリプロモーション** 図表29-2

D4DJ Groovy Mix（#グルミク）公式 @D4DJ_gm・11月2日
✨『D4DJ Groovy Mix(#グルミク)』✨
今すぐインストール🎮

絶対王者 ピキピキのリーダー！

山手 響子
CV.愛美

D4DJ Groovy Mix(グルミク)
Music

install

みなさんのタイムラインでも、かなりの確率でモバイルアプリプロモーション（MAP）を見かけるのではないでしょうか？

Twitterにおけるアプリ広告は、このようなフォーマットになる。静止画や動画をタップするとApp StoreやGoogle Playに遷移する

[アカウントとキャンペーンの作成]

30 Twitter広告のアカウントとキャンペーンを作成しよう

**このレッスンの
ポイント**

Twitter広告でアカウントを作成すると、すぐに新しいキャンペーンが作成されます。アプリマーケティングに適した目標を選択しましょう。また、これまでに述べたポイントに従い、キャンペーン名や日予算を設定します。

○ キャンペーンの目的はアプリのインストール数に

Twitter広告は、アカウントにサインインした状態で［もっと見る］メニューから［Twitter広告］を選択すれば、すぐに広告アカウントを作成できます。初めて開始するときは、タイムゾーンの設定画面が表示されるので、日本（Japan）を選択してください。

その後、自動的にキャンペーンが新規作成され、目的を選択する画面に遷移しま

す（図表30-1）。アプリマーケティングであれば［アプリのインストール数］を選択するのが基本です。

もし、アプリに関連する自社のTwitterアカウントがあり、そのフォロワーを増やすために広告を配信したい場合は、目的として［フォロワー数］を選択してください。適切な広告フォーマットを利用して配信できるようになります。

▶ Twitter広告のキャンペーンの目的を設定する 図表30-1

キャンペーンの目的では［アプリのインストール数］を選択する

● 自社アプリの登録は広告グループで行う

Twitter広告のキャンペーンが作成された
ら、その内容を設定していきます。[キャ
ンペーン名]はこれまでにも述べてきた
ように、「iOS_アプリ名_新規」「Android_
アプリ名_リターゲティング」といった法
則性で区別しやすい名前を付けましょう
（図表30-2）。

支払い方法としてクレジットカードなど
を登録し、[日別予算]（日予算）と広告配
信の開始日と終了日を設定します。これ
でキャンペーンの作成は完了で、次レッ
スンでの広告グループの作成に移ります。
宣伝するアプリの登録も広告グループで
行います。

▶ キャンペーンの日予算や開始日を設定する 図表30-2

[お支払い情報]を入力後、キャンペーンの[日別予算]
（日予算）や[開始日]を設定し、次へ進む

Twitter 広告に限らず、ネット広告の管理画面の
UI はよく変更されますが、基本的な流れは本書の
画面と変わらないはずです。

👍 ワンポイント　Twitterならではの「トレンド」機能

広告の話からは逸れますが、Twitter独
自の機能に「トレンド」があります。
短期間でつぶやかれた回数の多いハッ
シュタグをランキングにする機能で、い
ま世の中で何が流行っているのかがり

アルタイムで分かります。トレンドに
入ることでアプリのインストールにつ
ながる効果もあるため、アプリマーケ
ターは自社のハッシュタグを上位にラ
ンクインさせることも重要です。

31 ［広告グループの作成］
Twitter広告の
広告グループを作成しよう

このレッスンの
ポイント

**Twitter広告の広告グループでは、プロモーションの対象と
なる自社アプリの登録や、広告効果測定SDKとの連携を設
定します。また、広告費を抑えつつインストール数を増や
すための入札戦略を設定しましょう。**

● アプリストアのURLから自社アプリを登録

Twitter広告の広告グループでは、最初に
名前の入力欄があります。例えば、後述
するターゲティングが分かるように、「フ
ォロワー_（競合アプリ名）」「キーワード_
（競合アプリ名）」「男性のみ_全年齢」の
ようにネーミングするのがおすすめです。
そして、重要な設定として、宣伝する［ア

プリ］と［コンバージョントラッキング］
の設定を行います（図表31-1）。アプリに
ついてはプラットフォームを選択し、App
StoreまたはGoogle Playにおけるアプリの
URLを入力することで登録できます。こ
れで自社アプリのインストールを促進す
る広告配信が可能になります。

▶ 広告グループにアプリを登録する 図表31-1

最初はアプリが登録
されていないため、
アプリの欄から［新
規作成］を選択する

アプリストアの
URL を入力する
とアプリの登録
が完了する

○ 広告効果測定SDKとの連携設定は必須

アプリのコンバージョントラッキングとは、SDKで取得したイベントデータ（インストールやアプリ内の特定イベント突破など）をTwitter広告側に送り返すことを意味します。この一連のプロセスを経て、コンバージョンが本当にTwitter広告経由で起きたかどうかを確認するための設定です。

この設定を行わないと、広告効果測定

SDKでのTwitter広告経由のインストールなどは、すべて自然流入扱いとなります。また、インストールデータを活用した類似拡張配信などの高度なターゲティングもできなくなるため、必須です。

自社アプリに実装した広告効果測定SDKを選択し（図表31-2）、SDKの管理画面からTwitter広告との連携を完了しておいてください。

▶ **Twitter広告のコンバージョントラッキングに対応したツール** 図表31-2

広告経由でのインストール数などを計測するには、AdjustやAppsFlyerなどの広告効果測定SDKとの連携が必須となる

○ 上限入札単価を設定して広告費をコントロール

［入札戦略］については、アプリのインストールを効率的に行うには［自動入札（推奨）］ではなく、［上限入札単価］を選択します（図表31-3）。また、上限入札

単価としては、推奨入札額として記載がある範囲（ここでは1,746〜2,836円）に収まる金額で設定するといいでしょう。

▶ **広告グループの上限入札単価を設定する** 図表31-3

目標がアプリのインストール数の場合、インストール数あたりの上限入札単価を設定可能。推奨入札額に従って入力する

まずは推奨入札額の範囲内で設定し、広告配信後のKPIを見て調整する運用を行いましょう。

32 Twitter広告の ターゲティングを設定しよう

このレッスンの
ポイント

自社アプリを好みそうなユーザーをTwitter上で見つけ、広告配信するためのターゲティングについて理解しましょう。基本の設定のほか、特に重要な「フォロワーターゲティング」「キーワードターゲティング」を見ていきます。

⚪ 性別や年齢、端末を軸とした基本のターゲティング

まず、Twitter広告のベースとなる基本的なターゲティングについて理解しましょう。広告グループの画面で［入札戦略］より下に進むと、以下の図表32-1で示した［オーディエンスの特性］というセクションが表示されます。ここでは、ターゲットとなるユーザーの性別、年齢、場所、言語を設定できます。

さらに下に進むと、［端末］というセクションが現れます。例えば、ゲームアプリを扱っていて、動作環境としてハイスペックな端末を要求するのであれば、近年に発売された［端末モデル］に限定するターゲティングが考えられます。

▶ 性別や年齢のターゲティングを設定する 図表32-1

次の条件に一致するユーザーをターゲティング

オーディエンスの特性

性別

| すべて | 女性 | 男性 |

年齢
- ○ すべて
- ● 年齢範囲
  - 18 ∨ － 49 ∨
- ○ 日本限定の年齢範囲 ⓘ

場所 (オプション) ⓘ   ⬆ 一括アップロード

検索

所属するアカウント   ⊡ ✕

🏳 — Japan ✕

言語 (オプション) ⓘ

検索

広告を配信したいユーザーの［性別］や［年齢］を選択。自社アプリが特定の性別や年齢のみに必要とされるアプリであれば、ここで絞り込んでおく

● 特定アカウントのフォロワーに広告配信

Twitter広告のフォロワーターゲティングとは、特定アカウントをフォローしているアカウントや、それに似たアカウントに対して広告を配信する手法です。「類は友を呼ぶ」ということわざがあるように、特定アカウントをフォローしているアカウントは、同じような趣味嗜好を持つ可能性が高いといえます。

また、SNSで強い影響力を持つ「インフルエンサー」が近年では細分化されてきているため、特定のインフルエンサーをフォローしているユーザーへの広告配信も効果的といえます。設定方法としては**図表32-2**の通りです。

▶ フォロワーターゲティングを設定する **図表32-2**

[フォロワーが似ているアカウント]にアカウント名を入力し、該当するアカウントを選択する。カンマ (,) 区切り形式での一括アップロードも可能

● 特定キーワードを含む投稿をしたユーザーに広告配信

キーワードターゲティングでは、Twitter内で特定キーワードを検索したユーザーや、特定キーワードが含まれるつぶやきを投稿したユーザーに対して広告を配信できます。**図表32-2**のフォロワーターゲティングの上にある項目から設定が可能です。

入力欄にターゲティングしたいキーワードを入力すると、ターゲティングを実行した場合のオーディエンスサイズの目安が表示されます。ニッチすぎることが懸念されるキーワードは、オーディエンスサイズが小さくなりすぎていないかを確認しておくといいでしょう。

フォロワー、キーワードの両ターゲティングとも、一度設定したらおしまいではなく、PDCA を回しましょう。効果のよいフォロワーやキーワードの精査は欠かせません。

[入札単価の設定]

33 Twitter広告の 入札単価を設定しよう

このレッスンの ポイント

Twitter広告ができるのは「アプリストアの誘導」までです。そのため、入札単価の最適化にあたっては、1クリックあたりの広告費と目標CPIから、ストア誘導後のCVRを逆算して最適化を考えていく必要があります。

○ 最初は「推奨入札額の下限」から始めてみる

Twitter広告の入札単価を設定するプロセスは、キャンペーンの作成時に日予算を入力するところから始まります。そして、キャンペーンの日予算に応じて、広告グループの推奨入札額が幅を持って算出されます。最初に設定する入札単価としては、これを参考にしてもらって構いませ

ん（図表33-1）。

例えば、キャンペーンの日予算を必ず上限まで消化しなければならないといった制約がない限りは、推奨入札額の下限、以下の画面でいえば「1,757円」に設定して広告の配信を開始してみることをおすすめします。

▶ 上限入札単価の設定例 図表33-1

目標 ⓘ
アプリのインストール数（推奨）
広告のクリックとアプリのインストール数を増やします。

入札戦略 ⓘ
自動入札（推奨）
できるだけ少ない金額で最大限の結果が自動的に得られます。

上限入札単価
上限入札額を指定しましょう。その金額を超えることはありません。入札額が高いほど広告の表示頻度が高くなります。

○ JPY 1,757.00 アプリのインストール数あたり上限入札単価
推奨入札額：¥1,757〜¥2,866

お支払い方法 ⓘ
アプリのクリック
＞ 測定オプション

推定オーディエンス数

2,162.9万〜2,390.6万 ⓘ
これは、ターゲティングの選択内容にもとづいて計算された30日間の推定オーディエンスサイズです。

＋ 新しい広告グループ ⓘ 広告グループのコピー

上限入札単価として、推奨入札額の下限をしたところ。ただし、入札額が高いほど、広告の露出頻度は高くなる

限られた予算を最適に使用するため、推奨入札額の下限でテスト配信をしてみましょう。

● 目標KPIからの逆算で入札単価を調整していく

広告配信を開始した後、入札単価を調整して最適化していく段階では、目標KPIからの逆算を意識します。

仮に、目標KPIが「CPI＝800円でTwitter広告経由のインストールを獲得する」ことだとします。その目標に向かって広告配信を始めたところ、Twitter広告の管理画面で見られるレポートにおいて、「コストパーアプリクリック」（1クリックあたりの広告費＝CPC）が「177.6円」と報告されました（**図表33-2**）。つまり、この広告では、ひとりのユーザーを対象アプリのストアページに誘導するために177.6円が必要だということです。

よって、目標KPIである800円でアプリが

インストールされるようにするには、177.6円÷800円＝22.2%のCVRが達成されなければならないことが分かります。

CVRを向上させる施策としては、大きく2つの方向性があります。1つはターゲティングの最適化やクリエイティブの刷新、もう1つは第7章で解説するアプリストア最適化です。

それでもCVRの向上が見込めない場合は、CPCの177.6円をより安価にするために、入札単価を下げます。ただ、それだけでは広告の露出が減ってしまうので、クリエイティブの差し替えによってCTRの上昇を図り、入札単価を下げても露出量を維持するようにします。

▶ **Twitter広告の「コストパーアプリクリック」の例** 図表33-2

ツイートのプレビュー	プレッション	ご利用金額	結果	結果レート	結果あたりのコスト
7件のアイテムの概要	334,376	¥186,523	1,099 アプリのクリック数	0.33% アプリのクリック率	¥169.72 コストパーアプリクリック
D4DJ Groovy Mix（#グルミク）公式 ✓ @D4DJ_gm・6月10日 #グルミク が大型アップデート！ ダイヤ3,000個と★4メンバーセレクトチケットがもらえる！	69,058	¥38,895	219 アプリのクリック数	0.32% アプリのクリック率	¥177.60 コストパーアプリクリック
D4DJ Groovy Mix（#グルミク）公式 ✓ @D4DJ_gm・6月10日 #グルミク が大型アップデート！ ダイヤ3,000個と★4メンバーセレクトチケットがもらえる！	32,900	¥12,886	76 アプリのクリック数	0.23% アプリのクリック率	¥169.56 コストパーアプリクリック

Twitter広告は広告のクリックによって課金されるが、この広告費（CPC）で目標KPIとなるCPIを達成できるのかが重要となる

> このような逆算の考え方で、目標とする CPI に近づけることが可能です。

34 [クリエイティブの設定]
Twitter広告の クリエイティブを設定しよう

このレッスンの ポイント

Twitter広告でも、広告のクリック率（CTR）を高めるためのクリエイティブが求められます。制作工数と相談する必要はありますが、静止画よりも動画をできるだけ用意し、継続的に新しいものに入れ替えていくことが重要です。

● 同一キャンペーン内での静止画と動画の混在は避ける

Twitter広告においては、静止画と動画のクリエイティブを同一のキャンペーン内に共存させるのではなく、図表34-1のように別々のキャンペーンに分けて設定しましょう。なぜなら、CPMの相場が静止画と動画で大きく異なるためです。CPMとは「Cost Per Mille」の略で、広告を1,000回表示するごとにかかる広告費を表します。

Twitter広告ではキャンペーンの単位でしか日予算を設定できず、配下にある広告グループの推奨入札額も、その日予算に応じた幅のみが一律で表示されます。しかし、静止画と動画で適切な入札単価は異なるため、同一のキャンペーンに静止画と動画が混在していると日予算のコントロールが難しく、結果的に運用作業が煩雑になりがちです。

▶ 静止画と動画のクリエイティブをキャンペーンで分けている例　図表34-1

静止画と動画のクリエイティブを別々のキャンペーンに分け、キャンペーン名で区別できるようにしている。運用ミスを防ぐため、キャンペーンの命名規則や運用方針は厳格にするとよい

● 動画フォーマットが圧倒的に優秀

静止画と動画のどちらがフォーマットとして優秀かというと、圧倒的に動画です。筆者の経験では、Twitter広告におけるゲームアプリのインストール訴求において、全クリエイティブに占める動画の比率は95%程度となっています。

静止画よりも動画のほうが優秀なのは、どの広告媒体であっても共通する傾向ではありますが、Twitterでは顕著です。特に、左右にスワイプ可能z な複数の動画で訴求できる動画カルーセルのフォーマットは効果が高くなる傾向があります。

● CTRが高いクリエイティブに着目する

クリエイティブを最適化するプロセスとしては、前レッスンの入札単価と同様に、目標KPIからの逆算を意識します。

以下の 図表34-2 の通り、データ（表示項目設定）から［モバイルアプリコンバージョン］を選択しましょう。すると、広告のCTRを意味する［アプリのクリック率］が確認できるようになります。同一の入札単価であれば、CTRが高いクリエイティブほどCPC（前レッスンのコスト

パーアプリクリック）を抑えられるため、優秀と判断できます。

しかし、ある時点でCTRが高いクリエイティブでも、配信し続ければ飽きられ、CTRが下落していきます。どの広告媒体でもいえることですが、CTRが高いクリエイティブを配信しつつ、それらの共通項を抽出して次のクリエイティブを準備し、新陳代謝させることでCTRが高い状態を維持し続けるのがポイントです。

▶ **Twitter広告の「アプリのクリック率」の例** 図表34-2

アプリのクリック率＝CTRの高いクリエイティブに着目し、その共通項を抽出して新規クリエイティブの制作に生かす

> 静止画と動画でキャンペーンを分けること、クリエイティブを頻度高く入れ替えることは、Twitter広告で成果を出す必須のテクニックです。

[配信の最適化]

35
Twitter広告の
配信を最適化しよう

このレッスンの
ポイント

Twitter広告の配信に関する手法をひと通り学びました。本
章の最後となる本レッスンでは、最適化のプロセスをおさ
らいし、重要なポイントを振り返ります。Twitter広告では、
特にクリエイティブの鮮度に気をつけてください。

○ 1週間程度でいったん最適化されてからが勝負

Twitter広告の最適化のプロセスをまとめ
ると、以下のように表せます（図表35-1）。
③に記載した通り、配信開始から1週間
程度は、その設定での最適化が完了する
まで待ちましょう。ただし、日予算の上
限に達しない（日予算が消化できていな
い）場合は、その期間であっても入札単
価を調整しても構いません。

Twitter広告の管理画面で見られる数値が
落ち着き、いったん最適化が完了したと
思われるなら、さらなる最適化に向けて
手を打ちます。まず注目すべきは「コス

トパーアプリクリック」が低く、「インプ
レッション」が高いクリエイティブです。
次ページの図表35-2を例にすると、上か
ら2番目のクリエイティブが該当するので、
なぜこのクリエイティブが優秀な数値を
残したのかを分析します。

分析のポイントなるのは、クリエイティ
ブの訴求軸です。動画であれば、訴求す
る順番も検討します。どのような訴求軸
の組み合わせが効率的なのか、なぜそう
なったのかを熟慮したうえで、次のクリ
エイティブを制作しましょう。

▶ Twitter広告の最適化を目指す3つのステップ 図表35-1

STEP 1 キャンペーンを静止画と動画のフォーマットごとに別々に作成し、ク
リエイティブを入稿する。

STEP 2 自社で許容可能なキャンペーンの日予算と、それに応じて算出された
広告グループの推奨入札額の下限あたりで配信を開始する。

STEP 3 1週間程度はクリエイティブの追加入稿などを行わず、いったん最適
化された状態を待つ。

ツイートのプレビュー	ツイートのステータス ▼	インプレッション	ご利用金額	アプリのクリック数	アプリのクリック率	コストパーアプリクリック
20件のアイテムの概要						
D4DJ Groovy Mix（#グルミク）公式 ⊘ @D4DJ_gm・10月6日 #グルミク が大型アップデート！ ダイヤ3,000個と★4メンバーセレクトチケット がもらえる！	● 実行中	642,161	¥592,963	1,993	0.31%	¥297.52
D4DJ Groovy Mix（#グルミク）公式 ⊘ @D4DJ_gm・10月6日 #グルミク が大型アップデート！ ダイヤ3,000個と★4メンバーセレクトチケット がもらえる！	● 実行中	537,875	¥479,277	1,792	0.33%	¥267.45
D4DJ Groovy Mix（#グルミク）公式 ⊘ @D4DJ_gm・7月20日 #グルミク が大型アップデート！ ダイヤ3,000個と★4メンバーセレクトチケット がもらえる！	● 停止中	535,189	¥474,213	1,591	0.30%	¥298.06
D4DJ Groovy Mix（#グルミク）公式 ⊘ @D4DJ_gm・10月6日 #グルミク が大型アップデート！ ダイヤ3,000個と★4メンバーセレクトチケット	● 実行中	478,262	¥400,570	1,283	0.27%	¥312.21

上から2番目のクリエイティブは、コストパーアプリクリック（CPC）がもっとも
低い割に、ある程度のインプレッションが出ている。このようなクリエイティブ
の訴求軸を参考に新しいクリエイティブを制作し、順次差し替えていく

◯ Twitterではクリエイティブの経年劣化に特に注意

速報性が高いSNSであるTwitterは、最新の情報が自然と集まり、ユーザーもトレンドに敏感です。毎日かつ長時間、タイムラインを見続けているユーザーも多いため、クリエイティブの経年劣化には特に注意する必要があります。

クリエイティブが飽きられ、CTRが低下すれば、結果的にCPCは悪化し、CPIが高騰していきます。よって、新しいクリエイティブを用意する一方で、劣化したクリエイティブに対する手当も必要です。具体的には、劣化が感じられるクリエイティブの入札単価を抑制するか、配信そのものを停止します。

しかし、いずれも広告経由でのインストール数が減少する行為になるので、今までと同様のCPIでインストールボリュームを維持するには、やはり新規のクリエイティブを入稿し続け、CTRの高いクリエイティブが常時働いている状態を作らなければなりません。

みなさんが日々の運用で「勝ちクリエイティブ」を見つけたとしても、それに慢心せず、なぜ勝てたのかの仮説検証を忘れず、常に「勝ちクリエイティブ」が存在し続けるよう努めてください。

> クリエイティブの仮説検証をスピーディーに実施
> するためにも、社内や代理店の制作リソースは常
> に把握しておくようにしましょう。

めぼしい広告媒体を見つけるためのヒント

本書ではアプリ広告の主要媒体として、Apple、Google、Twitter、Facebook を取り上げていますが、それ以外はどのように検討すべきでしょうか？

この問いに対する回答は複数あり、まずは同様のジャンルの競合アプリが広告を配信している媒体で、自社が配信していない媒体を特定する考え方があります。これは付き合いのある広告代理店や媒体社にヒアリングするといいでしょう。ただ、競合が配信している媒体が自社にとっても効果的かというと、そうとは限りません。

そこでおすすめしたいのが、広告効果測定SDKのAppsFlyerやAdjustが定期的に公開している、多様な広告媒体の格付け調査を参照する方法です。筆者がよく参照しているのはAppsFlyerの「PERFORMANCE INDEX」で、「Power」を良質なインストールが取れる度合い（質）、「Volume」を獲得ボリューム（量）として各媒体を格付けしています。筆者は「前回と比べて上昇率の高い媒体はどれか？」といった視点で、定期的に確認しています。

なぜ、筆者がこのような格付けを参考にしているかというと、AppsFlyer やAdjustの存在理由は正確な広告効果の測定であり、そのビジネスモデルから、このような格付け調査に一定の信頼があると考えられるからです。もし、この格付けに何かしらの隠ぺいが行われた場合、両社のようなSDKベンダーの社会的地位は失墜します。そうしたリスクを負ってまで、格付けを恣意的に操作することはないはずです。

また、AppsFlyer やAdjust はグローバルでもトップシェアを誇るSDKであるため、収集している各媒体経由でのインストールや広告不正を起こす頻度なども膨大に蓄積しています。統計的に確からしい母数から導き出された格付け調査といえるので、一定の信頼があるのではと考えています。

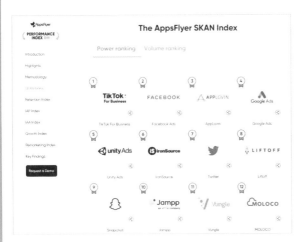

AppsFlyer の PERFORMANCE INDEX。「Power ranking」では良質なインストールが取れるアプリ広告の媒体がランキングになっている

Chapter
6

Facebook広告で
アプリのインストールを
増やそう

アプリ広告の媒体の最後として、
FacebookとInstagramの広告
について解説していきます。す
でに見てきた広告媒体と共通す
る部分も多いですが、有効な手
法や施策を理解してください。

Lesson

36

[Facebook/Instagram広告とは]
Facebook/Instagram広告の概要を理解しよう

**このレッスンの
ポイント**

Facebook/Instagram広告も、Twitter広告と同じくアプリストアへの「誘導」だけができる広告媒体となります。しかし、その高いターゲティング精度から、アプリのインストールを増やすための広告としても欠かせない媒体です。

○ ひとつのプラットフォームで2つの広告媒体を管理

2021年10月、Facebookは社名を「Meta」に改めました。同社は2021年にInstagramを買収しており、2つのSNSを1社で運営し、広告プラットフォームとしてもひとつになっています。そのため、本書では以降「Facebook/Instagram広告」とまとめて記載することにします。

FacebookとInstagramは、他のSNSと比較して実名性が高く、ユーザーの性別、年代、交際ステータスといったデモグラフィックデータが充実していることが特徴です。また、興味関心などのアクティビティに関するデータも詳細に取得できるため、ターゲティング精度が高いことも魅力となっています。

ユーザーの傾向としては、Facebookは男女比がほぼ半々で（**図表36-1**）、25〜34歳、35〜44歳がボリュームゾーンとなります。45〜54歳も多く利用しており、一般的には若年層が多いSNSの中でも異彩を放っているといえます。一方、Instagramは女性比率が高く、写真や動画映えを重視したビジュアルコミュニケーションが中心のSNSです。

▶ **FacebookとInstagramの性別比** 図表36-1

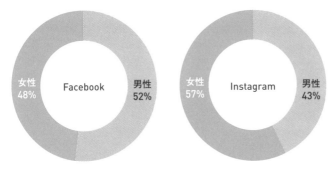

● アプリインストールに適したフォーマットを使う

Facebook/Instagram広告には、アプリのインストールを促進する目的に適したフォーマットとして、以下のようなものが用意されています（**図表36-2**）。クリエイティブは動画と静止画のいずれかを選べますが、アプリの場合、動画で配信することが多くなるはずです。

また、ゲームアプリで用いられることがある広告フォーマットとして、広告を通じてアプリのデモプレイができる「プレイアブル広告」があります。ユーザーがアプリをインストールしない理由のひとつに「スマホの容量を食うから」というものがありますが、広告でのデモプレイで面白いと感じてくれれば、インストールを積極的に行ってくれます。このようなフォーマットにも、アプリマーケターは積極的にトライすべきです。

▶ **アプリインストール向けのInstagram広告の例** 図表36-2

iPhoneのInstagramアプリに表示された広告。[インストール]をタップするとApp Storeに遷移する

やはり動画のほうが目に留まりやすく、アプリの特徴も魅力的に訴求できます。

👍 ワンポイント　第3の配信面「Facebook Audience Network」

Facebook/Instagram広告の配信面には、FacebookとInstagramに加えて、さまざまな広告媒体から構成されるアドネットワークである「Facebook Audience Network」が存在します。

ただ、アプリ広告をこれから始める、または開始して間もないみなさんにとって、Facebook Audience Networkの優先度は高くありません。存在として知っておくだけにとどめ、まずはFacebook面とInstagram面への配信を行えばよい、と認識してください。

[Facebookビジネスマネージャの作成]

37 Facebookビジネスマネージャの準備をしよう

このレッスンの
ポイント

これまでに解説した広告媒体には存在しない**Facebook固有のツール**として「**Facebook**ビジネスマネージャ」があります。アプリインストールのための広告に限らず、多くの企業で必須となるので、利用できるようにしましょう。

まずは「Facebookビジネスマネージャ」を作成

Facebook/Instagramr広告の運用を開始するにあたり、マーケターにとって欠かせないツールとして「Facebookビジネスマネージャ」があります。Facebookビジネスマネージャとは、企業やアプリの公式ページとなる「Facebookページ」や広告を配信したいアプリ、Facebook/Instagram広告のアカウントの一元管理などができる公式のツールです。

複数アプリを保有する広告主であれば、Facebookビジネスマネージャの利用は、ほぼ必須となります。利用にあたっては個人のFacebookアカウントと、それに関連づけられたFacebookページの作成が必要になるので、あらかじめ準備しておいてください。

複数アプリやチームでの広告運用で特に便利

Facebookビジネスマネージャを利用することには、次ページの **図表37-1** にまとめたメリットがあります。

メリット①は、複数のアプリにわたる広告配信が可能になることです。アプリごとに広告アカウントを分け、その都度ログインするなどの手間が省けます。

メリット②は、アプリに携わる複数人のスタッフが広告配信に関わりやすくなることです。必要なアクセス権限をユーザーごとに付与し、それぞれの役割に応じ

た環境で安全に作業ができます。

メリット③は、スタッフのプライベートに立ち入らずに業務が行えることです。ビジネスマネージャを使わずにFacebookページを管理しようとすると、スタッフ個人のFacebookアカウントに会社のクレジットカードを登録する必要があるほか、既存の管理者とFacebookで友達関係にならないといけないなどの問題が発生します。そのような問題を避け、業務とプライベートを分けた運用が可能です。

▶ **Facebook**ビジネスマネージャを利用する3つのメリット 図表37-1

1 複数の広告アカウントを管理できる

2 アクセス権限（役割）を個別に割り当てられる

3 業務とプライベートを区別できる

ビジネスマネージャを使わずに Facebook/Instagram
広告を運用していると、異動・退職者が出たときに引
き継ぎが難しい場合があります。

○ ビジネスマネージャから広告マネージャを開く

Facebookビジネスマネージャにアクセス
し、必須項目であるアカウント名、名前、
メールアドレス、国、都道府県、電話番
号などを入力すれば、以下のような「ビ
ジネスホーム」 画面が表示されます

（図表37-2）。
Facebook/Instagram広告の運用を始めるに
は、ビジネスホームから［広告マネージ
ャ］を開きましょう。続いて、キャンペ
ーンの作成に進みます。

▶ **Facebook**ビジネスマネージャの「ビジネスホーム」画面 図表37-2

Facebookページ、Facebook/Instagram広告といったビジネス向けの機能を統合。
［広告マネージャ］から広告の管理画面に入ることができる
https://business.facebook.com/

[キャンペーンの作成]

38 Facebook/Instagram広告の キャンペーンを作成しよう

このレッスンの
ポイント

Facebook/Instagram広告のキャンペーンを作成します。
すでに見てきた広告媒体と基本は変わりませんが、目的の
タイプ、キャンペーン予算の最適化などで異なる項目もあ
るので、ここでの解説を参考に設定を進めてください。

● 目的ではアプリのインストールを選択

Facebookビジネスマネージャから広告マ
ネージャを開き、新規キャンペーンを作
成したら、目的として[アプリのインス
トール]を選択しましょう（図表38-1）。
その後、アプリインストールのタイプを2
種類から選択する画面となりますが、こ
こでは原則として[アプリ広告]を選択
してください（図表38-2）。
　[アプリの自動広告]を選択するのは、

広告の運用や細かなターゲティング設定
にかける業務上の余裕がないケースのみ
です。自動広告という名前の通り、広告
配置の自動化や簡単なターゲティング設
定で配信が可能ですが、　配信先が
FacebookなのかInstagramなのか、もしく
はFacebook Audience Networkなのかが分
からない状態となるので、きめ細かな運
用ができなくなるデメリットがあります。

▶ キャンペーンの目的を選択する 図表38-1

Facebook/Instagram 広告にも、
目的として[アプリのインストー
ル]が標準で用意されている

▶ アプリインストールキャンペーンのタイプを選択する 図表38-2

Facebook と Instagram のいずれかのみに配信したい場合も、手動での運用が必要です。

アプリインストールキャンペーンのタイプは 2 種類あるが、よほど工数を抑えたい場合を除き、手動の［アプリ広告］を選択する

○ キャンペーン予算の最適化はオンに設定

次の画面に進むと、キャンペーン名などの設定画面になります。キャンペーン名は他の媒体と同様に付けてください。本書執筆時点では［iOS 14用キャンペーン］という項目がありますが、筆者による検証ではオンにすることで広告効果が悪化したため、オフを推奨します。

一方、［キャンペーン予算の最適化］はオンを推奨します（図表38-3）。オンにすると、キャンペーン配下にある複数の広告セット間で、予算のアロケーション（配分）が自動的に行われるようになります。これにより、配信開始後に好成績を残した広告セットに配信が寄っていき、結果的にキャンペーン全体の予算効率が最適化されます。

実際の日予算は、社内で許容できる金額を入力してください。［キャンペーン入札戦略］は［最小単価］または［最高値または最小単価］にセットします。

▶ キャンペーンの予算と入札戦略を設定する 図表38-3

Facebook/Instagram 広告の費用として許容できる金額をキャンペーンの日予算で設定。入札戦略はデフォルトの［最小単価］のままでよい

39 Facebook/Instagram広告の広告セットを作成しよう

**このレッスンの
ポイント**

広告セットでは、ターゲティングするユーザー群＝オーディエンスを設定するほか、広告の配信面などを設定します。クリエイティブについても本レッスンで解説し、実際に広告配信を開始するまでの設定が完了します。

⚪ 広告セットは広告グループに相当する

Facebook/Instagram広告の広告セットの設定を行います。名称は異なりますが、Google広告でいう広告グループと同じで、広告アカウント内のキャンペーンの下にある階層のことを意味します。

画面の最上部には［広告セット名］［アプリ］［ダイナミッククリエイティブ］の項目があります（図表39-1）。広告セット名は、

他媒体と同様に設定してください。［アプリ］では宣伝したいアプリを設定しますが、ストアを選択し、自社のアプリ名や各ストアのページのURLなどを入力すれば見つかります。

ダイナミッククリエイティブについては、筆者は原則としてオフを推奨します。その理由などは本レッスンで後述します。

▶ 広告セットと宣伝するアプリを設定する 図表39-1

[Google Play] や [iTunes] (App Store) などのストアを選択し、自社アプリを検索して設定する

[ダイナミッククリエイティブ] がオフになっていることを確認する

● 広告を配信するオーディエンスを設定

ダイナミッククリエイティブから下に進むと、[予算と掲載期間]の項目があります。前レッスンで解説した通り、予算はキャンペーンで設定済みです。掲載期間については、希望のスケジュールを設定してください。

続いて[オーディエンス]の設定を行います（図表39-2）。地域、年齢、性別は、広告を配信したいターゲットの特徴を加味して設定しましょう。

[詳細ターゲット設定]には[詳細ターゲット設定の拡大]という項目がありますが、これはオンが推奨です。ターゲティングで設定した対象からは外れていても、宣伝したいアプリと相性がよいとFacebookが判断したユーザーには、広告が配信されます。Facebookの機械学習は優秀なので、良質なユーザーのインストールが最大化されることが期待でき、機会損失を抑えられます。

▶ オーディエンスを設定する 図表39-2

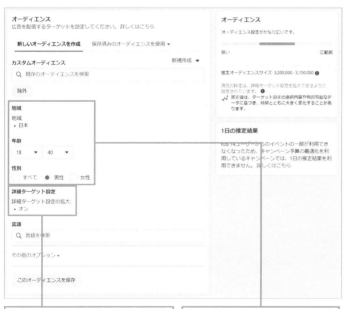

[詳細ターゲット設定の拡大]がオンになっていることを確認する

ターゲティングの対象とする[地域][年齢][性別]を設定する

Facebook広告の設定プロセスは複雑で、見落としが広告効果の低減につながる箇所も多数存在します。取りこぼしに注意してください。

手動配置でFacebook面やInstagram面に配信

オーディエンスから進むと［配置］の設定項目があります（図表39-3）。これはデフォルトでは［自動配置（推奨）］が選択されています。

自動配置の場合、筆者の経験則では、おおよそInstagramが60%、Facebookが30%、Facebook Audience Networkが10%の割合で配信されます。これはアプリがゲームか非ゲームかに関わらず、日本における一般的な傾向です。

ただ、Facebook Audience Networkの優先度は高くないため、筆者が推奨するのは［手動配置］の設定です。［プラットフォーム］ではFacebookやInstagramの配信面のみをオンにしましょう。

なお、最後にある［最適化と配信］は、デフォルトのままで構いません。続いてクリエイティブの設定に進みます。

▶ 配信面を設定する 図表39-3

［手動配置］を選択し、プラットフォームで［Facebook］と［Instagram］の両方、またはいずれかにチェックする

各SNS内のどの場所に広告を表示するか、詳細にコントロールすることもできる

👍 ワンポイント　ダイナミッククリエイティブは正確な運用には不向き

ダイナミッククリエイティブとは、静止画、動画、テキストといった複数の広告素材を自動的に組み合わせて配信する手法です。設定をオンにすると、クリエイティブの作成をFacebookの機械学習アルゴリズムに一任し、最適化を期待することになります。

作業工数を軽減できるのがメリットですが、どの組み合わせで効果が高かったのかなど、個々のクリエイティブ単位での広告効果の良しあしが判断できなくなる、というデメリットも存在します。クリエイティブ制作のノウハウが自社に蓄積されないため、運用を正確にコントロールしたい場合には不向きです。

● クリエイティブには過去の投稿も流用可能

クリエイティブの設定は、広告セット配下の「広告」という階層で行います。広告名を入力したら、[広告に表示する名前]から広告配信元となるFacebookページやInstagramアカウントを選択してください（図表39-4）。

[広告設定]の項目では、広告（クリエイティブ）を新規に作成するか、[既存の投稿を使用]するかを選択できます。後者では、FacebookページやInstagramアカウントの通常投稿をクリエイティブに流用し、広告として配信が可能です。例えば、プレゼントキャンペーンなどの投稿を広告として流用すると、アプリインストールでも効果が期待できます。

[フォーマット]では、動画や静止画を単体で使用する[シングル画像または動画]と、複数を使用する[カルーセル]のいずれかを選択します。次の[クリエイティブ]で静止画や動画、テキストを選択・入力し、[コールトゥアクション]は[インストール]に設定します。

▶ 広告（クリエイティブ）を設定する 図表39-4

広告のフォーマットを選択。[カルーセル]で複数の静止画・動画を用意できるのが望ましい

広告には配信元としてFacebookページまたはInstagramアカウントを表示する必要がある。複数ある場合は希望のものを選択する

ゲームアプリのコールトゥアクションは[ゲームをプレイ]でもいいでしょう。以上で設定が完了し、[公開する]で広告の配信が開始されます。

Lesson

[配信の最適化]

40

Facebook/Instagram広告の配信を最適化しよう

**このレッスンの
ポイント**

Facebookの機械学習は優秀で、広告配信後に十分なコンバージョン（アプリのインストールなど）が蓄積されれば、最適化がかかり始めて成果が安定してきます。その状態を維持することを念頭に運用を続けましょう。

○ 「情報収集中」のステータスは最適化中の目印

次ページの 図表40-1 は、広告マネージャで広告セットのレポート画面を表示したところです。Facebook/Instagram広告の配信を開始すると、[配信] 列に「審査」と表示され、クリエイティブの審査が行われていることが報告されます。そして審査を通過すると、「情報収集中」というステータスになります。

「情報収集中」の期間は、キャンペーン予算やクリエイティブの変更などは行わないようにしてください。変更を加えると「審査」のステータスに戻ってしまうためです。「情報収集中」から「アクティブ」になると、安定した最適化がかかった状態になります。以降は予算や入札単価の設定を多少いじるくらいであれば問題ありませんが、クリエイティブを変更

すると基本的には「情報収集中」に戻り、再学習となるので注意してください。

一般的に「情報収集中」の期間、つまり機械学習による最適化がかかるまでの期間は2週間程度とされています。Facebook広告では、原則として1週間のコンバージョンが50件に達した時点で「情報収集中」が解除されるため、予算や入札単価が適切に設定されていれば、早々に「アクティブ」に移行することもあります。

最適化までの期間は、商材によってもまちまちです。例えば、高級不動産の資料請求を成果とした場合、コンバージョンの蓄積に時間を要するため、2週間以上かかることもあります。一方、無料アプリなどではジャンルを問わず、3日〜1週間程度で最適化がかかることが多いです。

予算や入札単価が低すぎて広告の露出が足りない、広告セットが多すぎて学習データが蓄積されにくいなどの問題があると、最適化までの時間が長くなりがちです。

▶ **Facebook/Instagram広告のレポートの例** 図表40-1

オフ/オン	キャンペーン名		配信 ↑	入札戦略
●			● アクティブ	最小単価
●		延長	● アクティブ	最小単価
●			● アクティブ	最小単価
●			○ 配信予定	最小単価
●			● 完了	最小単価
●			オフ	最小単価
●			オフ	最小単価
●			オフ	最小単価
●			オフ	最小単価

キャンペーン　広告セット
＋作成　編集　A/Bテスト　ルール

「審査」「情報収集中」「アクティブ」などのステータスが、機械学習アルゴリズムによる
最適化の状態を表す。「アクティブ」となり最適化が完了したクリエイティブについては、
成果が低下するなどの兆候があり次第、停止すべきかを判断し、新しいクリエイティブに
差し替えていく

◉ 機械学習による最適化に任せつつクリエイティブを回す

Facebook/Instagram広告は、Google広告と同様に、機械学習による最適化配信の側面が大きい広告媒体です。優秀な機械学習を働かせて最適化を促すのが基本方針で、アプリマーケターが手を動かすべきことは、クリエイティブごとのCPIなどを見つつ、配信の継続または停止を判断することが主になります。

他媒体と同じく、クリエイティブの経年劣化については注意が必要なので、広告効果が良く、配信を継続するクリエイティブについても、類似するクリエイティブを追加で制作して入れ替えに備えましょう。また、配信を停止したクリエイティブについては、なぜ効果が悪かったか（CTRやCVRが低かったのか、など）を考え抜き、次回制作するクリエイティブにフィードバックしましょう。

Facebook/Instagram広告はGoogleアプリキャンペーンと似ており、機械学習による最適化が優秀な媒体です。アプリマーケターはクリエイティブの経年劣化などを注視しましょう。

⚠ COLUMN

各媒体のアトリビューションの条件を整えよう

本章までで、アプリ広告の主要媒体についての解説が終わりました。ここで一歩踏み込んで、各広告媒体の良しあしを公平にジャッジするためのアトリビューション設定について補足しておきたいと思います。細かい内容ではありますが、とても重要です。

まず結論から言うと、「広告を配信する各媒体のアトリビューションの定義をできるだけ整えましょう」ということになります。

Google、Twitter、Facebookは、いわゆるAPI連携ネットワークと呼ばれる広告媒体です。これらの広告媒体はトラッキングツール側でView（見た）とClick（クリックした）のアトリビューション期間を決められず、それぞれの媒体管理画面で変更が可能です。下表ではその値の初期設定を記載しています。

また下表の通り、Viewの定義は各媒体でまちまちです。特にTwitter広告は、すべてのViewアトリビューションをClickアトリビューションとしてトラッキングツールに送信するため、Viewが

Clickで重み付けされて評価されていることを念頭に置く必要があります。

一方、これら以外のAPI非連携媒体（アドネットワーク・DSPなど）では、Viewの定義を媒体担当者とすり合わせて決めるケースが多いですが、アトリビューション期間をトラッキングツール側で制御できるほか、そもそもViewをトラッキングしないなどの設定も可能です。

ありがちな誤りとして「Viewをトラッキングすると余計なインストールを計上することになるので、Viewのトラッキングをしない」という設定があります。これをしてしまうと、Viewをトラッキングしている媒体と、そうでない媒体で差がでるため、各媒体の良しあしを公平にジャッジできません。

よって、Google、Twitter、FacebookなどのAPI連携ネットワーク媒体と、それ以外の広告媒体を同時に配信する際は、できる限りアトリビューションの条件を同一にして配信することを推奨します。

媒体	アトリビューション条件	View	Click	アトリビューションウィンドウ決定者
Google	**静止画の場合** 50%表示・1秒視聴でView	1日	30日（1週間に変更も可）	媒体
	動画が10秒未満の場合 2秒以上視聴＋50%表示でView／完全視聴でClick			
	動画が10秒以上の場合 2秒以上視聴＋50%表示でView／10秒以上の視聴でClick（30秒以上の視聴で、アトリビューションウィンドウが最大30日になる）			
Twitter	50%表示・2秒視聴（すべてのViewアトリビューションをClickアトリビューションで計測）	—	14日※1	媒体
Facebook	静止画・動画にかかわらず、少しでも表示されたらView	1日	7日（1日に変更も可）	媒体
API非連携媒体（アドネットワーク・DSPなど）	Clickについては基本広告タップ、Viewについては媒体側で設定している場合が多い。静止画の場合、IMP発生でView、50%表示かつ1秒視聴でViewなど　動画の場合、2秒視聴でView、視聴完了でViewなど	1日※2	7日※2	広告効果測定SDKにて設定（変更可能）

アトリビューションウィンドウ：アトリビューションの計測対象とする期間のこと
※1：期間は1日、7日、14日、30日から選択可能　※2：AppsFlyer、Adjustの初期設定値を参照

Chapter

7

アプリストア最適化と
広告不正に対応しよう

本章では、アプリ広告の運用
に関連して知っておきたい2つ
の事柄にフォーカスします。広
告の効果を高めるとともに、思
わぬ落とし穴にはまらないため
の知識を身につけましょう。

[アプリのストアページの改善]

41

アプリストア最適化に取り組もう

このレッスンの
ポイント

アプリ広告の成果を高めるには、それぞれの媒体での対策だけでは**不十分**です。広告を経由してアプリストアに到達したユーザーのうち、より多くの人がインストールしてくれるよう、「**ASO**」による手を打ちましょう。

◯ IMP最大化とCVR最大化という2つの目的

アプリストア最適化は「ASO」（App Store Optimization）とも呼ばれます。デジタルマーケティングで広く知られる用語に「SEO」（Search Engine Optimization）があり、検索エンジン最適化と訳されますが、ASOはSEOのアプリ版と理解して差し支えありません。以降、本文中ではASOに表記を統一します。

ASOを行う目的は、大きく2つあります（図表41-1）。1つは、アプリストア内に

おける特定キーワードでの検索順位を上昇させ、自社アプリのストアページへの自然流入を増加させることです。もう1つは、アプリのストアページの説明文や画面などを最適化し、インストール率を上昇させることです。

言い換えると、前者は自社アプリのストアページにおけるIMPの最大化、後者はCVRの最大化と表現でき、これらがASOの目的となります。

▶ アプリストア最適化（ASO）の2つの目的　図表41-1

ストアへの遷移数の最適化

インストール転換率の最適化

● アプリ広告ではできないCVR向上をASOで実現

ASOの2つの目的のうち、より重要なのはCVRの最大化だと筆者は考えています。その理由を説明しましょう。

第3〜6章で解説したアプリ広告では、それぞれの媒体からいかに効率的に対象アプリのストアページにユーザーを送客するかが論点でした。広告媒体ごとにCPIは計測しているものの、最適化できるポイントはあくまでユーザーをストアに誘導することまでで、ストア内でのCVRを向上させることは、広告では直接コント

ロールできません。

アプリ広告によってアプリストアに誘導したユーザーに、より多く［インストール］をタップしてもらう施策であるASOは、アプリ広告のCPIを最適化するという意味でも非常に重要です。

ASOとしてアプリのストアページを改善する具体的な箇所としては、下図に示した6つが挙げられます（図表41-2）。これらの最適化により、ストアページでのCVRを向上させることが可能です。

▶ **ASO**に影響するアプリのストアページの要素 図表41-2

アイコン
魅力的なアイコンになっているか？

アプリのタイトル
検索キーワードとの連動を考えているか？

動画・
スクリーンショット
魅力的なクリエイティブになっているか？

説明文
検索キーワードとの連動に配慮して設定しているか？

キーワード
アプリ名の表記のゆらぎ、関連語、競合アプリ名などが設定されているか？
※ iOS のみ
※ 図表 41-3 に記載の App Store Connect から設定可能

レビュー
リリース後のレビュー対策は行っているか？

● キーワードとレビューを改善するためのアイデア

前ページの図表41-2で挙げた箇所について、具体的にどう改善すべきかを説明しましょう。アイコンとスクリーンショットについては、筆者が実施したA/Bテストの結果を後述します。

キーワードはApp Store（iOS）だけの要素で、Appleの管理画面から100文字まで入力できます（図表41-3）。App Storeでは、これらのキーワードをアプリと関連性が高いキーワードと判定するため、ユーザーが検索したときに自社アプリが上位表示される可能性が高くなります。例えば「モンスト」「もんすと」のように、ユーザーによる文字のゆらぎまで加味したうえで、キーワードを選定してください。

ユーザーからのレビューは、ASOの中でも非常に重要な要素です。レビューの平均が★2から★4に上がると、インストール率が5.4倍にもなるともいわれています。しかし、当然ながら、レビューを直接上げるための術はありません。間接的な方法として、運営側が低評価のレビューに返信することで一定の対策が可能ですが、根本的な解決を図るには、アプリのUI/UXを改善するなどして、ユーザーの満足度を上げる必要があるでしょう。

▶ App Store Connectにおけるアプリの管理画面 図表41-3

App Storeでアプリを提供・販売するには、App Store Connectと呼ばれるツールを利用する。アプリの開発側にも確認し、自社アプリのキーワードや概要を正しく設定しておく

> ネガティブレビューへの返信は一定の対策にはなりますが、抜本的な対策としては、ユーザーが快適にアプリを遊べる・使えるようにする改修が必要になります。この点は次の第8章も参照してください。

● アイコンとスクショ1枚目の変更でCVRが32%増加

アプリのストアページのアイコンとスクリーンショットについて、筆者の事例を紹介しましょう。下図はブシロードの「ヴァンガードZERO」というゲームアプリで、アイコンとスクリーンショット1枚目の組み合わせをテストした結果です（図表41-4）。Google Play Consoleから利用できる機能で実施しています。

結果としては、4パターンのうちの「C」がもっとも効果的と判定され、以前に使用していたアイコンとスクリーンショット1枚目の組み合わせから、CVRが32%増加しました。仮にインストール数が月間1万程度のアプリだとしたら、このASOによって月間3,200インストールの上積みに成功したことになります。

▶ **Google Play ConsoleでのA/Bテストの例** 図表41-4

パターン	アイコン	スクリーンショット1枚目	A/Bテスト結果
A 既存 現在のバージョン			
B 改善案① カードゲーム訴求			
C 改善案② キャラクター訴求			CVR 前月比 +32%
D 改善案③ バトル・RPG訴求			

● ASOは定期的に実施し、OSのアップデートにも注意を

ASOは一度行ったら終了ではなく、定期的に実施し続けてください。アプリ広告と同様に、アイコンやスクリーンショットなどのクリエイティブがユーザーに何度も見られることで飽きられ、劣化していくためです。

また、iOSやAndroidのアップデートに伴い、各ストアのUIやレギュレーションが変更されることがあります。過去にはASOとして有効だった施策が、新しいUIでは重要ではなくなるなど、大きな影響が出る可能性も否定できません。AppleとGoogleの最新動向には、常に気を配るようにしてください。

[広告不正の特徴と対策]

42 広告不正の特徴と 基本的な対策を理解しよう

このレッスンの
ポイント

> アプリ広告の運用が軌道に乗り、規模を拡大し始めたとき
> に注意したいのが広告不正です。自社の広告予算を不当に
> 奪われ、ビジネスに損害を与えることがないよう、アプリ
> マーケターが知っておくべき知識と対策を学びましょう。

◯ 世界で年間1,760億円もの被害リスクが発生

広告不正とは、ネット広告の仕組みを実現している高度な技術（アドテクノロジー）を悪用し、広告主から不正に金銭を獲得する行為を指します。別名「アドフラウド」とも呼ばれます。

アプリ広告に限定しても、グローバルでは半年間で16億ドル（約1,760億円）もの

被害のリスクがあります（図表42-1）。アプリのカテゴリーとしては、広告費が高騰しやすい金融系の被害額が大きいもの、ショッピング、旅行、ソーシャル、ビジネス、そしてゲームと、多岐にわたるアプリが広告不正の影響にさらされており、決して他人事ではありません。

▶ 世界におけるアプリ広告不正のリスク（2020年上半期）図表42-1

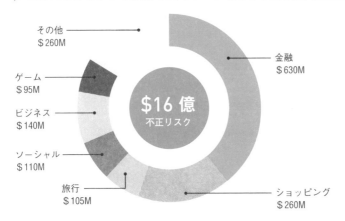

その他
$ 260M

ゲーム
$ 95M

ビジネス
$ 140M

ソーシャル
$ 110M

旅行
$ 105M

$16 億
不正リスク

金融
$ 630M

ショッピング
$ 260M

出典：AppsFlyer｜モバイル広告不正グローバル調査レポート 2020年版
https://www.appsflyer.com/jp/resources/mobile-ad-fraud-report/

「ボット」「クリック洪水」などの代表的な広告不正

広告不正にはどのような種類があるのか、代表的なものを説明します。下図は世界の地域別に、広告不正の種類の割合を表したものです（図表42-2）。「ボット」「デバイスファーム」「インストールハイジャック」「クリック洪水」という4種類が挙げられています。

もっとも被害の割合が多いボットは、悪意のあるプログラムを用いて、実際には発生していないクリックやインストールを発生させる手口です。デバイスファームは、1つの端末によるインストールを複数の端末のように見せかける手口で、実

在しないユーザーを作り出すという意味でボットに似ています。

インストールハイジャックとクリック洪水は、インストールと紐付く広告のアトリビューションを不正に書き換える手口です。実際にはクリックされていない広告を、アプリのインストールに貢献した広告であるかのように偽装します。

いずれも正確に理解するには技術的な知識が必要なので、アプリマーケターとしては「代表的な広告不正の手口にはこのような種類がある」とだけ理解していれば問題ありません。

▶ 世界におけるアプリ広告不正の主な種類（2019〜2020年）図表42-2

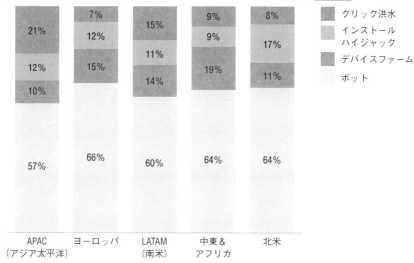

凡例：
- クリック洪水
- インストールハイジャック
- デバイスファーム
- ボット

地域	クリック洪水	インストールハイジャック	デバイスファーム	ボット
APAC（アジア太平洋）	21%	12%	10%	57%
ヨーロッパ	7%	12%	15%	66%
LATAM（南米）	15%	11%	14%	60%
中東＆アフリカ	9%	9%	19%	64%
北米	8%	17%	11%	64%

出典：AppsFlyer｜モバイル広告不正グローバル調査レポート 2020年版
https://www.appsflyer.com/jp/resources/mobile-ad-fraud-report/

広告不正から自社のビジネスを守るには、Apps Flyer や Adjust のような広告効果測定 SDK を使うのが一般的です。しかし、広告不正の技術は日進月歩であり、完全に防ぐことは難しいでしょう。

● アドネットワークやDSPの配信面を開示させる

広告不正への対策としてもっとも有効なのは、優良な配信先のみに絞ることです。本書で解説した4媒体から始め、さらに配信を拡大したくなったら、LINEやTikTokといった大手、かつ信頼できる広告媒体での配信に取り組みましょう。

もし、それでもインストールボリュームが足りず、ビジネス上の観点からアプリ広告の規模を拡大すべき段階に来てはじめて、アドネットワークやDSPへの配信を検討します。加えて、これらの媒体の担当者から、具体的な配信面を開示してもらうことを必須としてください。

仮にみなさんが身銭を切って配信するとして、広告がどこに載っているのか分からないような媒体を信頼できるでしょうか？ みなさん自身の目で確認可能な媒体にのみ、配信してください。

> すべてのアドネットワークや DSP が問題なわけではありませんが、主要 4 媒体よりは広告不正のリスクが高まることを意識すべきです。

● 広告効果測定SDKでアトリビューション期間を設定

広告効果測定SDKでの対策としては、広告不正除去機能を利用するとともに、ユーザーによる広告のインプレッションとクリックについて、アトリビューション期間を一定範囲で設定することが可能です。この設定は、インプレッションからインストールまでの期間が何時間（何日間）以内であれば成果として計測するかを意味します。

通常、広告のインプレッションから何日も、あるいはクリックから何週間も経ってからアプリがインストールされることはありません。アトリビューション期間を短くすると、成果として認められるインプレッションやクリックは減少しますが、広告不正を含む、明らかにインストールに貢献していないインプレッションやクリックを成果から排除できます。

Adjustを例にすると、筆者は下表のような設定を推奨します（図表42-3）。また、実際の画面は次ページの図表42-4のようになります。

▶ **Adjustにおける推奨アトリビューション期間** 図表42-3

設定項目	インプレッション	クリック
デバイスマッチング	6時間（厳密に評価する場合は3時間）	7日（厳密に評価する場合は3日）
確率的マッチング	6時間（厳密に評価する場合は3時間）	6時間

▶ **Adjustのアトリビューション期間の設定画面** 図表42-4

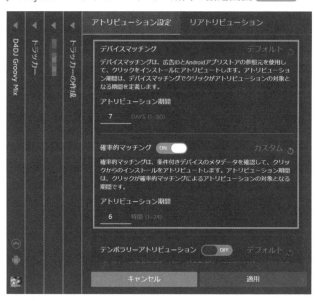

広告効果測定SDKのAdjust
では、広告のインプレッ
ションおよびクリックの
アトリビューション期間
を一定範囲で設定できる

このような設定自体を知らない、見たことがない
という人も多いと思います。まずは使用する広告
効果測定SDKの管理画面でアトリビューション
期間の設定箇所を確認してみましょう。

⬤ 設定やレポートの異常にも目を光らせよう

広告効果測定SDKの設定やレポートから、広告不正を防ぐ・見抜く手段はほかにもあります。アプリ広告のクリックからインストールまでの時間を表す「CTIT」（Click to Install Time）という指標に注目するのも一例です。

広告不正を起こす媒体では、CTITが数秒と極端に短い、または極端に長い場合があります。こうした数値をレポートで見つけたら広告不正を疑い、その媒体への配信を中止すべきです。

また、広告効果測定SDKから発行したトラッカーURLについて、媒体の担当者に確認することも不正の防止につながります。筆者が知る悪質な事例では、インプレッションに対してクリックのトラッカーURLが設定されていたことがありました。つまり、実際はインプレッションなのに、クリックと計測される状態だったということです。

このような異常は、ふだんからレポートを見ていても気付けることです。自分とは無関係だと思わず、広告不正に目を光らせるようにしてください。

43 アプリ広告のリスクから 自社のビジネスを守ろう

**このレッスンの
ポイント**

広告不正そのものよりも視座を高くし、アプリ広告のリスクを避ける方法について考えてみましょう。広告代理店などのパートナーを選ぶ際には、彼らがどう行動するかを予測することと、信頼できる「人」を選ぶことが大事です。

⭘ まずはパートナーのビジネスモデルを知る

広告不正をはじめとしたアプリ広告に潜むリスクは、結局のところ、不正業者が儲かるから発生します。これは裏を返せば、「この業者は何で儲けようとしているのか?」というビジネスモデルを理解していれば、自社が不当な被害を受ける機会を未然に防ぐということです。

アプリ広告の規模が拡大してくると、みなさん自身や社内のリソースだけでは運用が回らなくなり、広告代理店への外注を検討することもあるでしょう。このとき、ビジネスパートナーとなる代理店は、自社との付き合いのどこで儲けようとしているのかを考えてみてください。

広告代理店のビジネスモデルは、単純化すれば手数料で儲けることです（**図表43-1**）。アプリ広告の運用代行であれば、各媒体でのターゲティングや入札単価の調整、クリエイティブの制作といった業務に付加価値を上乗せすることで、ビジネスが成り立っています。

つまり、広告代理店がより多く儲ける方法は、第一に手数料率を高く設定することです。加えて、広告主からより多くの広告を出稿してもらう一方で、実際の運用にかかる費用（仕入れ値）を安く抑えることで、代理店の売上・利益は最大化されます。

▶ **広告代理店の一般的なビジネスモデル** **図表43-1**

| 広告媒体 | 100 で仕入れる → | 広告代理店 | 120 で売る → | 広告主 |

手数料として 20 の儲け

ビジネスパートナーの行動原理を知れば不正が防げる

実は筆者は、ある広告代理店との付き合いの中で、広告不正の被害が発覚した経験があります。すでにリリースされているゲームアプリのマーケティング担当を前任者から引き継いだところ、代理店との契約や業務内容に不可解な点が見つかりました（図表43-2）。そして調査の結果、一般的な相場感からすると法外な料金を代理店に支払い続けていたことが判明します。

①については「手数料率は20%」などと決めていなかったことが、筆者側の落ち度としてあります。また、②についても各広告媒体の管理画面における数値を月末締めなどで開示させておけば、不正を未然に防ぐことはできたでしょう。これらを怠った結果、③のように広告不正が起こりやすい媒体への配信が慢性的に行われていました。

代理店としては、広告不正業者に加担する意図はなかったはずです。しかし、広告主である筆者側が要求する成果を達成しつつ、より多くの売上・利益を求めようとした結果、広告不正の被害にあってしまいました。広告主にとっては悪夢ですが、代理店のビジネスモデルを考えれば理にかなった行動であり、今思えば予測できたはずだと感じています。

▶ 広告代理店との契約や業務内容で不可解だった点 図表43-2

①運用業務の手数料率が定義されていない
②代理店が実際の運用にかけている費用（仕入れ値）が不明
③配信中の広告媒体が特定のアドネットワークやDSPに偏っている

ビジネスパートナーは「企業」ではなく「人」で選ぶ

あくまで筆者の経験に基づく主観ですが、ビジネスパートナーは「企業」ではなく「人」で決めるべきです。広告代理店であれば、業界最大手だから発注するのではなく、どのような人物が自社を担当してくれるのか、という視点で選ぶことが重要だと考えています。

その「人」を選ぶ判断基準としては、過去にどのようなアプリ広告を、どの程度の予算と期間で運用してきたかといった実績がまず挙げられるでしょう。加えて、できることとできないことを正直に話してくれる、社内のリソースを調整する力に長けているなど、高いベーシックスキルを持った誠実な人が望ましいです。

とはいえ、そのような人物は引く手あまたなのが普通です。よって、代理店のビジネスモデルを理解し、どのように発注すれば代理店側にもメリットがあるのかを考えることが意味を持ちます。アプリマーケターには、こうした俯瞰的な視点も求められると筆者は考えています。

⏱ COLUMN

「ポジショントーク」を超えた人間関係を作ろう

自分の立場を利用し、有利になるような発言をすることを「ポジショントーク」といいます。アプリマーケティングに限らず、ビジネスは情報がモノを言う世界です。よって、ビジネスパートナーとの会話では「この人の話はポジショントークではないか?」と意識しつつ、知りたい情報を得ることが大事になってきます。

例えば、悪質な広告代理店であれば、ある媒体が広告不正を起こしやすいと知っていても、自社の売上・利益のために、その媒体への配信を行うことがあるでしょう。広告主側が「その媒体は広告不正が疑われるのではないか?」と伝えても、「確認します」といったあいまいな回答で結論を引き延ばしたり、「多少の広告不正は起きつつも、良質な配信面でインストールボリュームを伸ばしましょう」といった売り込みにつなげたりして、一向に話が進みません。代理店としては、広告不正が起ころうとも自社の利益になるのであれば、上記のようなポジショントークをする場合があります。

また、「CPIが効率的なので広告予算を増やしましょう」といった提案も、代理店側のポジショントークであることがあります。仮にそれが事実であっても、広告主として予算を増額するかは、

そのアプリを軸とするビジネス全体を俯瞰的に見てから判断するべきです。これ以上インストールだけを増やしても、ビジネス全体の利益には貢献しないケースもあるわけで、目先のCPI効率がよいだけでアプリ広告への投資を増やす判断はできません。

ポジショントークを抜きにして、ビジネスパートナーとの会話で情報収集をするには、①利害関係のないプロフェッショナルに質問をする、②利害関係を超越した友人を作る、の2つの方法があります。①については、例えば、最近まで広告媒体側の企業にいたものの、広告主側のアプリマーケターとして転職した人などが挙げられます。その人はすでに媒体側にはいないので、ポジショントークとは離れた会話ができ、深い情報を聞くことが可能です。

②については時間はかかるものの、理想的な方法だと筆者は考えます。顧客によりよいプロダクトを提供したり、業界の発展に貢献したりするために、自ら情報発信をすることを心掛ければ、志の高いアプリマーケターの仲間がきっと集まってくるはずです。そのような人たちは利害関係を超えた友人として、みなさんのキャリアにおける大きな財産となっていくでしょう。

どのような業界でも顧客と真剣に向かいあっている人には、周りが手を差し伸べてくれるものです。常に顧客への価値提供を通じた自社アプリの売上・利益を最大化することを行動指針として、本質的な活動にのみ集中しましょう。

Chapter

8

アプリの分析と
改修提案に取り組もう

アプリ広告というプロモーショ
ンの施策から離れ、本章ではア
プリの分析についてマーケター
視点で語ります。アプリの課題
を見つけ、改修の指示を的確に
出せる人物になりましょう。

44

なぜアプリの分析が必要なのかを理解しよう

**このレッスンの
ポイント**

アプリ広告の指標ではなく、アプリ自体の利用傾向を分析するというのは、マーケターの業務範囲外と思うかもしれません。しかし、アプリの改修を効率的に進められれば、それはプロモーションの好循環にもつながってきます。

Chapter 8 アプリの分析と改修提案に取り組もう

◯ 分析とは「対象の実態を正しく理解すること」

マーケティングの世界では、何かと「分析」という言葉が使われがちです。ここで今一度、分析とは何か、なぜ分析が必要なのかを、筆者なりに整理したいと思います。

まず、筆者は分析を「対象の実態を正しく理解すること」だと捉えています。そして、分析の目的は「実態を正しく理解することで、正しい判断やアクションを起こすこと」にあります。

当たり前といえば当たり前なのですが、分析をおろそかにしたことで、プロモーションに過剰投資してしまい期待通りの

成果が得られなかったり、アプリを改修しても効果が出なかったりした事例を、筆者は数え切れないほど見てきました。直感のみに頼って施策を実行した結果、売上や利益、継続率などの向上に結びつかないのでは、アプリマーケターとして失格です（図表44-1）。

一方で、分析には基本的な技術が存在し、その考え方や手順に沿って実施すれば、ある程度の範囲までは誰でも同じ結論を導けると考えています。本章では、そのようなアプリ分析の基本について述べたいと思います。

▶ アプリマーケターが分析をする意味 図表44-1

マーケター

アプリ

ユーザー　売上・利益

実態を正しく理解することで、正しい判断やアクションを起こす

○ アプリ広告とアプリ分析の両方のスキルを身につける

レッスン5では架空の人物を例にアプリマーケターが抱える課題を紹介しましたが、その課題②に「自社のアプリそのものに関する理解不足」がありました。アプリの分析が解決するのは、まさにこの課題です。

アプリマーケターがプロモーションの業務だけでなくアプリの分析もできれば、アプリ内のどの部分に問題があり、どこから手をつけてUI/UXの改修を行えばいいかが判断できます。その結果、継続率や「ARPDAU」などのKPIが改善し、さら

にはLTVが向上し、アプリ広告の許容CPIも向上し、プロモーションをさらに積極的に行える……という好循環が回っていきます。ARPDAUとは「Average Revenue Per Daily Active User」、つまりデイリーアクティブユーザー1人あたりの平均収益額のことです。

つまり、アプリ広告の運用と、アプリそのものの分析の両方のスキルを身につけてはじめて、アプリマーケターのミッションである売上や利益の最大化に貢献できるといえるのです。

まずは「アプリマーケティング＝プロモーション（アプリ広告）」という既成概念をとっぱらってください！

👍 ワンポイント　分析を怠ると当たり前のことが見過ごされる

分析の本質を説明するうえで、ひとつ例を挙げましょう。1990年代前半、米国の自動車メーカーは高度経済成長期の日本に対し、自動車を輸出することで売上を上げることに躍起になっていました。しかし、シェアは一向に増えません。

この理由はメーカー間の技術差や地理的優位などではなく、もっと初歩的なことでした。米国メーカーは日本市場の分析を怠っていたのです。

当時、日本で流通していた自動車は約

350万台、そのうち左ハンドル車は7万台程度です。米国メーカーは、その小さなパイの中でシェアの奪い合いをしていたのでした。この実態を正しく把握していれば、右ハンドル車をすばやく投入し、シェアを拡大できたかもしれません。

これも言われてみれば、当たり前の話です。しかし、分析を怠ったばかりに、こうした当たり前のことが見過ごされるケースは、アプリマーケティング以外の分野でも散見されます。

45 「大きさ」「比較」「時間軸」で分析を実施しよう

このレッスンのポイント

アプリの分析についての具体的なスキルを解説する前に、分析全般において、これだけは押さえてほしい手法を解説します。日常的な業務のベースとなる思考法として、筆者も無意識に使えるように訓練してきたものです。

○ まず「大きさ」と変数を考える

分析の手法は大きく3つしかなく、「大きさ」「時間軸」「比較」です。本レッスンで順に見ていきましょう。

「大きさ」の分析とは、売上・利益といった観点で、その対象を意味のある変数に分ける行為です。前レッスンで述べた米国の自動車メーカーの例で、日本市場を右ハンドルと左ハンドルに分け、その規模の度合いから右ハンドルを攻めるべきと判断することも、「大きさ」の分析であると表現できます。

このとき、その対象となる変数は、自社が努力することで変更可能なのか（可変なのか）も考慮する必要があります。米国メーカーが右ハンドル車を開発するよ

うに方針変換することは可能ですが、自社がすでに完成・リリース済みのアプリの大部分を改修することは可変とはいえません。その場合は別の変数を見つけることになります。

「大きさ」の分析に基づく有名な考え方に、パレートの法則があります。ビジネスに当てはめると、いかなる商材であっても顧客の上位20%が売上・利益の80%を生み出しているという考え方です。「大きさ」の分析を行う際には、売上・利益の観点からどのような分け方をすればもっとも寄与する分け方ができるか、そして、その分けた先にある変数は可変なのかを常に考えるようにします。

筆者の経験上、ゲームアプリはパレートの法則が当てはまりやすいです。極端な例では、MAUのたった2%が月間課金額の90%以上を占めていたことがあります。ロイヤルユーザーの分母がどの程度の大きさか、その大きさは今後も伸びしろがあるのか（可変か）を見極めることが重要です。

● 「比較」して変数のギャップと伸びしろを割り出す

「大きさ」で分析したあと、売上・利益を向上させるために重要な変数が見つかったとしましょう。次の段階では、その変数と可変の度合いを、ベンチマークとなる類似アプリなどと「比較」します。

例えば、その重要な変数が、①アプリの開発費を下げること、②売上の80%を占める上位20%の顧客の「MARPPU」を向上させること、の2つだとします。MARPPUとは「Monthly Average Revenue Per Paying User」の略で、課金ユーザー1人あたりの月間平均収益額のことです。

この場合、自社アプリと類似したベンチマークアプリを複数ピックアップし、開発費と上位20%顧客のMARPPUにどの程度の差（ギャップ）があるかを比較します。このとき、ベンチマークアプリは自社の競合で、自社よりも多く売上を上げていると思われるアプリを選ぶことをおすすめします。

自社とベンチマークで①②を比較することにより、どちらがより競合とのギャップが大きいのかが分かります。競合とのギャップが大きいということは、その変数の可変の度合いが大きく、より伸びしろがあるということです。結果、①②のうち、より優先すべき変数がどちらなのかを特定できるでしょう。

ベンチマークアプリと自社アプリを「比較」することで、どの変数にギャップが存在するのか明らかになります。そのギャップを自社リソースで埋められるかどうかという「可変の可能性」を次にジャッジします。

👍 ワンポイント　マーケターがアプリの改修まで考えるべき理由

本章に入ってから「えっ、マーケターがアプリの改修のことまで考えるの？」と思った人もいるでしょう。その意見はごもっともです。

しかし、アプリマーケターのミッションは、顧客に価値を提供することを通じて、対象アプリの売上・利益を最大化することです。そして、複数のアプリのマーケターやプロデューサーの立場を経験してきた筆者の意見としては、プロダクト（アプリの良しあし）とプロモーションの売上・利益に対する影響度の比率は「8:2」ないし「9:1」です。

プロダクトがひどいのにプロモーションが優秀で成功したという事例は、過去に一度も見たことがありません。あくまで良いプロダクトがあってこそのプロモーションなのです。

とはいえ、マーケターは良いプロダクトを作ることに注力できるわけではありません。アプリ自体に問題があると知りながら、売上・利益最大化のミッションに取り組まざるを得ないこともあるでしょう。そのために、改修の優先度を考えて提案できる程度の分析スキルを身に付けるべきなのです。

○ 「時間軸」で過去にさかのぼって現在を見極める

最後に「時間軸」の分析です。アプリはリリース後に運営を続けながら、時間とともにDAUや継続率、ARPDAU（デイリーアクティブユーザー1人あたりの平均収益額）などが悪化したり改善したりします。「時間軸」の分析では、現状を正しく理解するため、過去にさかのぼって現在との関連性を見極めます。

具体例を挙げましょう。下図はあるゲームアプリのDAUの推移を、リリースから約2年にわたって簡易的にグラフ化したものです（図表45-1）。DAUはリリース時がピークで、その直後に落ち込んだものの、アプリの改修によって右肩上がりで回復。2021年6月以降はほぼ横ばいで推移しており、ゲームとしては長期運営のフェーズです。

直近のDAUだけを見れば、まだ伸びしろがあると判断できるかもしれません。しかし、過去にさかのぼって推移を読み取れば、DAUがこれ以降伸びることは考えにくいと捉えられます。よって、今後このアプリの売上を上げるために有効な手段は、ARPDAUの上昇だと考えられます。ただ、ARPDAUを上昇させるといっても、このような長期運営アプリの場合、一部のロイヤルユーザーによる課金が売上の大部分を支えていることが多いです。よって、単にARPDAUを見るのではなく、ロイヤルユーザーに限定してARPDAUを見る視点も必要になるでしょう。このような流れで、本当に実施すべき施策が何なのかを考えていきます。

▶ ゲームアプリにおけるDAUの推移の例 図表45-1

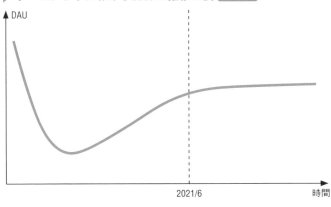

推移を過去にさかのぼってみれば、今後にDAUを増加させようとする施策には無理があると分かる

ここまでに述べた分析の3手法は、アプリ分析だけでなく、日常生活のさまざまな問題解決にも有効です。解くべき課題の優先度を考えたいときに、ぜひ実践してみてください。

● 全体を貫く考え方として持ちたい「感度分析」

「大きさ」「比較」「時間軸」での分析について解説しましたが、それらを貫く軸として持ちたい考え方に「感度分析」があります。感度分析とは、全体に対して影響力の高い部分（変数）を見つけ出すことを指します。

繰り返しになりますが、アプリマーケティングの目的は顧客に価値を提供することを通じて、対象アプリの売上・利益を最大化することです。その文脈における感度分析とは、「売上・利益最大化ために、複数の改修すべきアプリのUI/UXのうち、どれから優先的に手を付けるべきかを影響度の高い順に並べて実行する」こと、となります（図表45-2）。

そして、感度分析を実行するための切り口として、「大きさ」「比較」「時間軸」での分析が求められます。この考え方が頭に常にない限り、「自分がやりたいから」「上司から言われたから」といった理由で刹那的にアクションを決めることになってしまいます。

その刹那的なアクションがたまたま良い施策の場合もありますが、筆者の経験上、ほとんどが感度的に意味のない施策です。そのようなことにならないよう、ここで学んだ3つの分析的思考を通じて、アプリがもたらす売上や利益の向上に対して感度の高い変数から優先的に対処するよう心がけてください。

▶ アプリマーケティングの文脈における感度分析の例 図表45-2

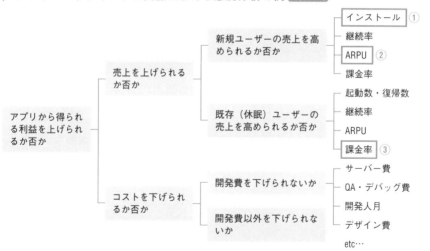

まず、意味のある「大きさ」に変数を分解する。
その後、各変数の「利益に対する感度」と「その変数が可変なのか」を確認する。
その際、競合アプリの変数と「比較」することで、感度の有無を確認できる。
その結果、①〜③に感度があると判明した。
この一連のプロセスを都度行うことで、その「時間軸」で感度を持つ変数を特定できる。

Lesson ［課金クラスター分析とUI/UXフロー分析］

46 アプリ分析の代表的な 2つの手法を理解しよう

このレッスンの
ポイント

前レッスンで学んだ分析的思考をアプリマーケティングに
応用した、より実践的な分析手法を理解しましょう。その
両輪となる「課金クラスター分析」と「UI/UXフロー分析」
の基本と分析の流れを見ていきます。

○ 売上ごとにユーザー群を分ける「課金クラスター分析」

アプリ分析の代表的な手法の1つである
「課金クラスター分析」は、毎月などの
一定期間において、アプリからの売上を
生み出しているユーザーは誰なのかを、
その度合いによって集団（クラスター）
に分けて分析する手法です。

例えば、ゲームのアプリ内課金による売
上で課金クラスター分析を実施したイメ

ージは、以下の 図表46-1 のようになります。
2021年7月に注目すると、売上合計であ
る50,162,823円のうち、76.1%はクラスタ
ーA以上によってもたらされました。また、
同月のMAUである64,712人のうち、クラ
スターA以上は1,313人なので、実に売上
合計の76.1%がMAUの2%に依存している
ことも読み取れます。

▶ ゲームアプリにおける課金クラスター分析の例① 図表46-1

年/月		2021/4	2021/5	2021/6	2021/7	2021/8	2021/9
売上合計		¥37,162,283	¥59,830,668	¥56,447,968	¥50,162,823	¥52,354,432	¥58,681,548
MAU		87,261	80,953	65,131	64,712	62,315	60,912
PU	クラスターD	1,221	791	636	707	524	498
	クラスターC	1,929	3,079	3,478	3,461	3,642	3,589
	クラスターB	640	897	858	794	711	916
	クラスターA	660	944	969	832	886	1,000
	クラスターS	266	424	403	324	364	417
	クラスターSS	97	165	145	120	127	121
	クラスターSSS	16	38	34	37	35	38
課金額割合	クラスターD	0.6%	0.2%	0.2%	0.3%	0.2%	0.1%
	クラスターC	11.1%	9.9%	11.2%	12.0%	11.7%	10.5%
	クラスターB	12.5%	11.1%	11.4%	11.6%	10.1%	11.5%
	クラスターA	28.1%	25.2%	26.9%	26.2%	27.1%	27.3%
	クラスターS	24.4%	24.5%	24.2%	21.9%	23.6%	24.4%
	クラスターSS	17.3%	18.8%	17.6%	16.0%	16.1%	13.3%
	クラスターSSS	6.2%	10.3%	8.6%	12.0%	11.2%	12.8%

※「PU」は課金ユーザー（Paid User）。各クラスターの月間課金額は以下の通り。
D:1〜499円 / C:500〜4,999円 / B:5,000〜9,999円 / A:10,000〜24,999円 / S:25,000〜49,999円 / SS:50,000〜99,999円 / SSS:100,000円〜

● アプリ内での体験を描く「UI/UXフロー分析」

代表的な手法のもう1つ、「UI/UXフロー分析」は、ユーザーがアプリをインストールしてから、そのアプリ内で具体的にどのような体験をするか、また、その体験によってどのような感情になるかを分析する手法です。

やはりゲームアプリになりますが、UI/UXフロー分析の具体例を図表46-2に示します。ユーザーがアプリのインストール後に得る体験を、縦軸にプレイ深度、横軸に経過時間をとって表現しています。ゲームに限らず、さまざまなアプリで実践できる手法です。

UI/UXフロー分析を行うことで、およそ何時間プレイするとどの程度のプレイ深度にたどり着くか、無課金ユーザーがどの体験に到達すると行き詰まりやすいのか（ボトルネックとなるのか）、そのようなボトルネックを課金を通じて解消するためにはどの程度の課金が必要なのか、その課金は顧客のどのようなニーズ（時間短縮ニーズなど）を満たすものなのか……といった状況を可視化することが可能になります。

▶ ゲームアプリにおけるUI/UXフロー分析の例 図表46-2

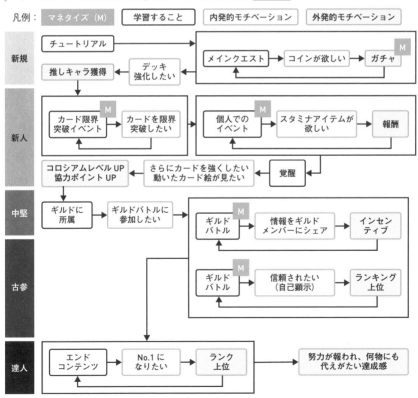

課金クラスター分析で有望なクラスターを見つける

2つの分析を実施するうえで、基本となる流れを見ていきましょう。

課金クラスター分析では、MAUやDAUのほか、MPU、MPUR、MARPU、MARPPUといった指標を表現することで、各KPIが時系列でどのように増減しているかを確認していきます。そして、PU（課金ユーザー）に目を当てて、MARPPUの金額の範囲でクラスターに分けていきます。

前掲の 図表46-1 では、クラスターを「D」から「SSS」までの7段階に分類し、各クラスターごとに毎月何人のPUが存在するかを明らかにするとともに、各クラスターにおける課金額が売上全体に占める割合を記載しました。

この課金額の割合に代えて、それぞれのクラスターにおける課金額の合計を記載したのが、以下の 図表46-3 です。PUと課金額合計については、セルに色が付いた

クラスターほど、その月内での割合が大きいことを示しています。

表に示した6カ月間においては、PUはクラスターCがすべての月にわたってもっとも多数派で、課金額合計がもっとも多いのはクラスターAであることが見て取れます。これを感度分析の視点で見れば、優先的にテコ入れすべきなのはクラスター内のPU数としてボリュームゾーンであるC、または課金額としてのボリュームゾーンであるAであり、クラスターCをBに、AをSにといったように「1つ上のクラスターに押し上げることは可能か？」と考えられるでしょう。人の可処分所得はそう簡単には変わらないため、いきなり2つ上のクラスターまで押し上げることは難しいですが、1つであればアプリのUI/UXの改修によって十分に可変であると考えられます。

▶ ゲームアプリにおける課金クラスター分析の例② 図表46-3

年/月		2021/4	2021/5	2021/6	2021/7	2021/8	2021/9
売上合計		¥37,162,283	¥59,830,668	¥56,447,968	¥50,162,823	¥52,354,432	¥58,681,548
MAU		87,261	80,953	65,131	64,712	62,315	60,912
PU	クラスターD	1,221	791	636	707	524	498
	クラスターC	1,929	3,079	3,478	3,461	3,642	3,589
	クラスターB	640	897	858	794	711	916
	クラスターA	660	944	969	832	886	1,000
	クラスターS	266	424	403	324	364	417
	クラスターSS	97	165	145	120	127	121
	クラスターSSS	16	38	34	37	35	38
課金額合計	クラスターD	¥203,172	¥117,502	¥93,254	¥127,864	¥85,670	¥75,522
	クラスターC	¥4,119,052	¥5,919,293	¥6,321,886	¥6,034,030	¥6,134,671	¥6,151,108
	クラスターB	¥4,638,739	¥6,645,636	¥6,434,170	¥5,829,819	¥5,306,290	¥6,743,666
	クラスターA	¥10,424,040	¥15,080,250	¥15,167,043	¥13,143,853	¥14,171,440	¥16,035,759
	クラスターS	¥9,059,672	¥14,669,562	¥13,658,175	¥10,986,103	¥12,346,626	¥14,341,231
	クラスターSS	¥6,421,389	¥11,260,408	¥9,914,815	¥8,038,862	¥8,444,783	¥7,818,682
	クラスターSSS	¥2,296,219	¥6,138,017	¥4,858,625	¥6,002,293	¥5,864,952	¥7,515,581

※「PU」は課金ユーザー（Paid User）。各クラスターの月間課金額は以下の通り。
D:1～499円 / C:500～4,999円 / B:5,000～9,999円 / A:10,000～24,999円 / S:25,000～49,999円 / SS:50,000～99,999円 / SSS:100,000円～

テコ入れすべきクラスターの優先順位を付ける

図表46-3 を使った例を続けましょう。この例において、クラスターCとAのどちらを優先的にテコ入れするかですが、筆者はAをテコ入れすべきだと考えます。仮にクラスターCのユーザーの10%をクラスターBに上げられた場合と、クラスターAの10%をクラスターSに上げられた場合を比較すれば、売上の上昇額の絶対値は後者のほうが大きいはずです。

また、クラスターAはいわゆるロイヤルユーザーに該当するため、クラスターA

に向けた施策は、さらに課金額合計の大きいクラスターSやクラスターSSのユーザーを1つ上に押し上げるための施策を兼ねる可能性があります。以上のような理由から、クラスターAへのテコ入れを優先して検討すべきでしょう。

ただ、この主張はあくまで実現可能な施策を立案できることが前提なので、そもそもクラスターAを押し上げる施策が現状ないのであれば、クラスターCへのテコ入れに切り替えるのが妥当です。

狙いを付けたクラスターのアプリ内での課題を知る

さらに同じ例を続けます。仮にクラスターCとAのいずれにも施策を実行したい場合、「2つのクラスターのユーザーはどのような点で異なっているのか?」という点にも目を向ける必要があります。

これらのクラスターは課金額の範囲で区切られているので、ユーザーの可処分所得が影響していると考えられます。また、アプリで得られる体験も異なっているはずです。クラスターAに属するユーザーは、Cのそれよりもプレイ深度が深い傾向にあり、UI/UXフローにおいて別々の場所を

回遊している可能性が高いでしょう。これはクラスターAとCのユーザーで、アプリ内で突破したい課題が異なるということを意味します。

よって、クラスターAをSに上げるためのアプリの改修と、CをBに上げるための改修は異なる、ということが分かります。このように課金クラスター分析で当たりを付けたユーザー群が、アプリ内でどのような回遊行動をとっており、何を欲しているかを分析するための手法が、UI/UXフロー分析だと理解してください。

課金クラスター分析は定量的な指標に基づく左脳的な分析手法、UI/UX フロー分析は顧客の回遊行動や人間の欲求に基づく右脳的な分析手法です。定量と定性、ロジックと感情といった相対する特徴を使い分けながら、分析するイメージを持ってください。

[課金クラスター分析の始め方]

47 課金クラスター分析を 実施してみよう

このレッスンの ポイント

前レッスンで学んだ課金クラスター分析について、具体的な実施方法を紹介します。ゲームアプリ以外（アプリ内課金以外でのマネタイズ）での考え方についても言及しているので、みなさんの状況にあわせて試してみてください。

◯ 分析のもとになるデータを開発チームに依頼

アプリマーケターが課金クラスター分析をはじめるにあたっては、一定期間にわたるユーザーの課金状況に関するデータを入手する必要があります。これはアプリの開発側のスタッフ（エンジニア）に依頼してください。アプリ開発を外部委託しているなら、委託先のスタッフに問い合わせます。

依頼時には、前レッスンの 図表46-3 で見たような課金クラスター分析の雛型を用意し、「この雛型に相当する数値をデータベースから抽出してください」と伝えるのがいいでしょう。少なくとも筆者は、このような依頼をして「できません」と言われたことはありません。

ちなみに、アプリの課金状況に関するデータからは、例えば「2021年7月のMARPPUは7,994円だった」といった情報が計算できます。一見役に立ちそうですが、実は、それだけではまったく役に立ちません。MARPPUは課金ユーザー1人あたりの月間平均収益額を指しますが、そのような平均値だけが分かったところで、誰にどのような施策を打てばいいかは判断できないためです。

データを眺めていると、それだけで分析した気持ちになってしまうことがありますが、アクションにつながらない分析は売上・利益の最適化において無意味であることは肝に銘じてください。

アプリ分析において、全体の平均値ほど意味のないデータはありません。そのような表層的なデータを見て、アプリの状態を判断することは愚行です。

クラスターの行動をマクロに理解する

データが手に入り、課金クラスター分析の雛型に当てはめることができたら、分析を進めていきます。ここでは前レッスンに相当するところまでの分析が終わったことにし、その先を考えます。

クラスターAとCが有望であると分かった次のステップとしては、AとCに該当するユーザーのアプリ内における行動データを取得します。例えば、以下の 図表47-1 のようなもので、やはりアプリ開発側のスタッフに依頼します。

これらをKPIとすることで、クラスターAとCのユーザーが、このアプリにおいてどのような状況にあるのかをマクロに理解できます。これを参考に、次はミクロな理解に落とし込んでいきます。

▶ クラスターのユーザーをマクロに理解するポイント 図表47-1

- 1週間のうち平均何回ログインしているか
- 1ログインあたりの平均起動時間は何分か
- どのタイミングで、どれくらいのゲーム内通貨を購入しているか
- どのようなキャラクターを取得し、デッキを編成しているか
- アプリ内でのイベントの開催から終了までに、プレイ時間がどのように推移しているか

実際に対象の課金クラスターと同じ行動をしてみる

ミクロな理解とは、みなさん自身が、実際に対象クラスターのユーザーと同じ行動をしてみるということです。例えばクラスターAであれば、月額1万円～2.5万円の課金を自分が実際にして、アプリをプレイしてみるということになります。

実際に課金してみると、クラスターAのユーザーがアプリ内で体験することを、自分も体験することができます。おそらく課金額の多さから、クラスターCとは異なる体験ができるはずです。また、クラスターAが持つ課題や欲求も見えてく

るのではないかと思います。例えば「アプリ内イベントのランキング上位に入り、そこでしか入手できないキャラクターを取得したい」といったことです。

となると、クラスターAをSに押し上げるためのアプリ改修としては、①次回のイベントで有利になるインセンティブを取得できるまでの努力量をユーザーに分かりやすく提示するUIの変更、②その努力量をプレイ時間ではなく課金で解決できるプランの用意、といったアイデアが提案できることが分かります。

> 自分で実際に課金するときは、「身銭を切って」やってみることが大切です。そうでなければ分からないユーザーの感情があるからです。

NEXT PAGE →

● クラスター分析はゲームアプリ以外でも活用できる

ここまでゲームアプリを例にした課金クラスター分析を解説してきましたが、非ゲームのアプリでもクラスター分析は可能です。今度は「スマートニュース」や「グノシー」のような、広告収益を売上の軸とするメディアアプリを想定してみましょう。

広告収益のビジネスモデルでは、1人のユーザーがいかに頻度高くアプリを起動し、アプリ内で長時間回遊し、広告をタップしてくれるかが、売上や利益にもっともっとも影響力のある変数となります。よって、以下の**図表47-2**のように、毎月のアプリ起動時間でクラスターを分解すればよいと理解できます。

そして、各クラスターに属するユーザー数と収益額を算出し、もっともボリュームの大きなクラスターから順に対処していく、という手順になります。クラスターの基準となる指標が異なるだけで、分析の考え方や流れは大差ないことが理解できるのではないかと思います。

▶ 非ゲームアプリ（広告モデル）でのクラスター分析のイメージ **図表47-2**

年/月		2021/4	2021/5	2021/6	2021/7	2021/8	2021/9
アプリ内広告による売上合計		¥37,162,283	¥59,830,668	¥56,447,968	¥50,162,823	¥52,354,432	¥58,681,548
MAU		87,261	80,953	65,131	64,712	62,315	60,912
UU	クラスターD	1,221	791	636	707	524	498
	クラスターC	1,929	3,079	3,478	3,461	3,642	3,589
	クラスターB	640	897	858	794	711	916
	クラスターA	660	944	969	832	886	1,000
	クラスターS	266	424	403	324	364	417
	クラスターSS	97	165	145	120	127	121
	クラスターSSS	16	38	34	37	35	38
アプリ内広告による収益額合計	クラスターD	¥203,172	¥117,502	¥93,254	¥127,864	¥85,670	¥75,522
	クラスターC	¥4,119,052	¥5,919,293	¥6,321,886	¥6,034,030	¥6,134,671	¥6,151,108
	クラスターB	¥4,638,739	¥6,645,636	¥6,434,170	¥5,829,819	¥5,306,290	¥6,743,666
	クラスターA	¥10,424,040	¥15,080,250	¥15,167,043	¥13,143,853	¥14,171,440	¥16,035,759
	クラスターS	¥9,059,672	¥14,669,562	¥13,658,175	¥10,986,103	¥12,346,626	¥14,341,231
	クラスターSS	¥6,421,389	¥11,260,408	¥9,914,815	¥8,038,862	¥8,444,783	¥7,818,682
	クラスターSSS	¥2,296,219	¥6,138,017	¥4,858,625	¥6,002,293	¥5,864,952	¥7,515,581

※各クラスターはUU当たりのアプリの月間平均起動時間で分類。
D:〜2.5時間（1日5分以下）/ C:2.5〜7.5時間（1日5〜15分）/ B:7.5〜15時間（1日15〜30分）/ A:15〜30時間（1日30分〜1時間）/S:30〜45時間（1日1〜1.5時間）/ SS:45〜60時間（1日1.5〜2時間）/ SSS:60時間以上（1日2時間以上）

ゲーム、非ゲームアプリに関わらず、課金クラスター分析は現状のアプリの「健康診断書」のようなものです。毎月、課金クラスター分析を行うことで時間の流れとともにどのクラスターの人数が増えているのか、減っているのかが定量的に把握でき、正しい処方箋を出すことができます。

48

[UI/UXフロー分析の始め方]

UI/UXフロー分析を
実施してみよう

**このレッスンの
ポイント**

UI/UXフロー分析の具体的な実施方法を見ていきましょう。今度はデータを起点にするのではなく、ユーザーの体験を起点にするので、自分でアプリを実際に使いながら、得られた体験をプロットしていく形になります。

○ アプリ内におけるユーザー体験を4つに分類

UI/UXフロー分析は、レッスン46で見たように、時間軸を通じてユーザーがアプリ内でどのような体験をするかを可視化するための分析手法です。いわゆるアプリの仕様書とは異なります。

それぞれのユーザー体験は、①学習すること、②内発的モチベーション（成長・変化）、③外発的モチベーション（報酬）、④マネタイズ（課金など）の4つに分類して記載します（図表48-1）。このような分類により、アプリ内でのユーザー体験とマネタイズに因果関係があるかを確認

することが可能です。

UXにおいて重要なことは「成長したい」「変化する自分を楽しみたい」「権威あるポジションに到達したい」という欲求に対して、学習したことをアウトプットすることで到達可能であると経験を積んでもらうことです。そして、その先に成長や達成を阻害するイベントが待ち受けており、困難を突破するためのマネタイズが紐付いているというフローの設計が求められます。

▶ ユーザー体験の4つの分類 図表48-1

①学習すること	ユーザーがアプリ内で学習する事柄。ゲームの進め方や、アプリの使い方など。
②内発的モチベーション（成長・変化）	ユーザーがアプリを利用することで成長したり変化したりできる事柄。ゲーム内でのレベルが上がる、クエストをクリアできる、動画を視聴・投稿できるなど。
③外発的モチベーション（報酬）	ユーザーが承認欲求を得られるような事柄。ゲーム内のレアキャラを入手できて自慢できる、ランキング上位者として称賛される、コンテンツの投稿者として評価されるなど。
④マネタイズ（課金など）	②③をユーザーが得るための課金ポイント。ガチャが回せるアイテムを購入する、イベントの上位ランクを目指すための時短アイテムを課金で購入する、広告なしで視聴できるなど。

● 実際にアプリをプレイしながらUI/UXフローを描く

前提として、まだ世に出ていない企画段階のアプリと、すでにリリースされているアプリとでは、UI/UXフローの描き方はまったく異なります。ここではリリース後のアプリを前提に解説します。

UI/UXフローの完成図として、図表46-2で見たゲームアプリでの事例を以下に再掲します（図表48-2）。このようなUI/UXフローを書くには、まず当該アプリを自分で実際にプレイしながら、時系列で何が起きたかをプロットします。その際には、前述したユーザー体験の4つの分類が分かるよう、図形や色の使い方を工夫してください。

縦軸がプレイ深度、横軸が時間軸となるので、左上はアプリをプレイし始めたばかりの初心者で、右下に向かうほど上級者や達人の領域となっていきます。筆者の経験上、右下への到達時間が200時間程度あれば、ゲームアプリのUXとして最低限成立していると思います。1日2時間×100日（約3カ月）＝200時間なので、ゲームをプレイすることが習慣づいたと考えられるのが根拠です。

▶ ゲームアプリにおけるUI/UXフロー分析の例（再掲） 図表48-2

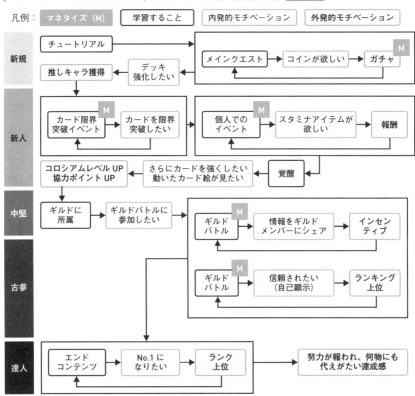

Chapter 8 アプリの分析と改修提案に取り組もう

○ 4つのユーザー体験がループする構造を作る

UI/UXフロー分析における重要な考え方として、①学習すること、②内発的モチベーション（成長・変化）、③外発的モチベーション（報酬）、そして④マネタイズという4つの体験が、環状にループする構造になっているかという点があります（図表48-3）。

ユーザーは4つの体験のうち、②または③を得るために課金をしてくれます。よって、①〜④がループしていないと、顧客の立場に寄り添っていない無意味な構造となり、UI/UXフローとして欠陥があることを意味します。

よくありがちな悪手に、「今月は売上が足りないから、過去に実施して課金額が高かったガチャを復刻しよう」などという施策があります。これは④マネタイズの部分のみしか見ておらず、どの深度の顧客のどのような欲求に対して提供したUXなのかが抜け落ちています。これでは意味がないどころか、ロイヤルユーザーから「課金煽り」とバッシングを受ける可能性すらあります。

課金とはあくまでUI/UXフローの一部分でしかなく、①〜④のループが完成してはじめて、顧客にとって「今後もプレイし続けたい」と思ってもらえるアプリになることを忘れないようにしてください。

▶ **ゲームアプリにおけるユーザー体験のループ構造** 図表48-3

メインクエストのクリアという学習と、ガチャが回せるコインが欲しいという内的モチベーション、そしてガチャ（マネタイズ）がループしている

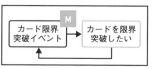

カード（キャラクター）の限界突破イベントという学習＋マネタイズと、カードを限界突破したい内的モチベーションがループしている

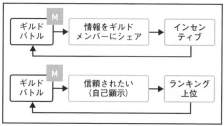

中堅・古参ユーザーに向けた、ギルドでの他ユーザーとの交流を軸とした体験がループしている

過去に成功した施策を唐突に加えても、現時点でそれを望んでいるユーザーや、その施策によって改善される体験が存在しなければ意味がありません。

● プレイ深度によってユーザーの欲求は異なる

UI/UXフローを描くにあたっては、縦軸のプレイ深度にも注目します。プレイ深度とは、ユーザーがアプリをインストールしてからの時間経過を意味します。

ユーザーは多くの時間をアプリに費やすことで、初心者だった状態からさまざまな体験を経て、遊び方や使い方に習熟していきます。そして、プレイ深度の段階によって、ユーザーが求める欲求は変わっていきます。つまり、各プレイ深度に対して適切なユーザー体験が設けられているか、その結果としてマネタイズが機能しているかを確認しながら、フローを設計していく必要があります。

下図はゲームアプリを例に、インストール初日のユーザーの一般的なUI/UXフローを表したものです（**図表48-4**）。初回起動から2〜3時間で体験できる事柄を抽出しており、4つのユーザー体験がループしている様子も分かると思います。

なお、フリーミアム型（基本プレイ無料）のゲームアプリの場合、最初に無課金でのUI/UXフローを書くことをおすすめします。無課金でも右下の領域まで行けるように設計しつつ、そこに到達するまでに詰まるタイミングを設けたり、時間を短縮する手段として課金のポイントを用意したりするといいでしょう。

▶ **ゲームアプリにおけるインストール初日のユーザー体験** 図表48-4

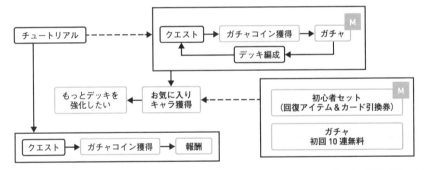

①学習すること
　クエストを進めたい。その結果として、キャラやデッキを強くしたい。

②内発的モチベーション（成長・変化）
　ガチャコインが獲得できる。ガチャを回すためのアイテムを獲得できるという欲求がクエスト進行のモチベーションとなる。

③外発的モチベーション（報酬）
　レアキャラが入手できる。ガチャなので必ず手に入るとは限らないが、何としても入手したいという欲求がモチベーションとなる。

④マネタイズ（課金など）
　「初心者限定セット」や「初回のみ10連ガチャ（レアキャラ1体確定）」といった施策を展開し、マネタイズにつなげる。

● 2つの分析を通してアプリの改修提案につなげる

ここまでで課金クラスター分析とUI/UXフロー分析について、ひと通り学んできました。最後に、これらの分析手法を用いて、どのようにアプリの改修提案を行うかについてまとめておきます。

まず、課金クラスター分析を行うことで、どのクラスターのユーザー数と課金総額が大きいかを時間軸で確認します。これにより、過去から現在にかけて売上に貢献してくれていて、自社が真っ先に報いるべきユーザーは誰なのかを特定でき、優先的に施策を実施すべきユーザー群が大雑把に決まります。

なぜ大雑把にしか決まらないかというと、当該クラスターのユーザーを1つ上位のクラスターに移行させることが本当に可能なのか、まだ分からないからです。そ

れが可能かどうかを判断するためにUI/UXフロー分析を行います。優先度の高いクラスターが複数あるなら、それらのプレイ深度に応じたユーザー体験をあぶり出すことも重要でしょう。

自分でも身銭を切って課金をし、UI/UXフローが完成すると、その中に離脱の契機となりそうなポイントが見つかるはずです。そのポイントに対して「このような手助けがあれば乗り越えられたはず」「このような機能の実装を検討してみては？」といったアイデアを添えて、開発チームやプロデューサーに提案してみましょう。この一連のプロセスを経た提案は、定量面・定性面ともにクオリティが担保されているため、プロデューサーの納得も得やすいはずです。

優秀なプロデューサーなら「まさに同じことを考えていたよ。エビデンスも含めて提案してくれてありがとう！」と意気投合することでしょう。

👍 ワンポイント　はじめからきれいに書こうとしないのがコツ

前掲の図のように整ったUI/UXフローを描くことは、非常に難しいものです。筆者のやり方としては、自分でアプリをプレイしながら、スタートから何分後にどのようなイベントを突破したか（できなかったか）という事実のみを手書きでメモしていきます。また、そのときの感情も付記します。実際のユ

ーザーになったつもりで、毎日1〜2時間、コツコツと実施します。

そのような実際のプレイ体験に基づく仮説は、往々にして高いクオリティになります。また、その仮説が間違っていたとしても、何かしらの優先度の高い意思決定をサポートすることが多いと実感しています。

49 Webアンケートや SNSの投稿を分析しよう

このレッスンの ポイント

ここまでに述べた2つの分析手法以外にも、WebアンケートやSNSの投稿、デプスインタビューをアプリ改修のアイデアを得るために使うことがあります。それぞれの実施方法を、筆者の経験に基づいて解説していきます。

○ Webアンケートで全体的なユーザーの意識を知る

課金クラスター分析とUI/UXフロー分析を通じて、アプリやユーザーについて深く知る方法を学びました。ここまででも十分、クオリティの高いアプリ改修案を出すことができますが、さらにユーザーの意識データを付け加えることができないか、検討してみるといいでしょう。

アプリマーケターが取得できる意識データとしては、①Webアンケート、②SNSの投稿、③デプスインタビューの3つが主になると、筆者は考えています。それぞれを順に説明します。

①Webアンケートは、全体的なユーザーの傾向を知るうえで有用な手法です。昨今では「Questant」（クエスタント） や「SurveyMonkey」（サーベイモンキー）のようなセルフリサーチツールが発展しているので、これらを活用するのがいいでしょう。

アンケートの質問項目としては、性別、年齢、居住地のほか、可処分所得、対象アプリの満足度、ほかにどのようなアプリをプレイしているか（競合調査）などが一般的です（**図表49-1**）。同じ質問項目を使って半年に1回程度のスパンで実施し、時間の経過とともにユーザーの回答がどのように変わってきているかを追跡するのも有効です。

▶ **アプリに関するアンケートの質問項目の例** 図表49-1

- ●性別・年齢
- ●職業
- ●婚姻の有無
- ●居住地域
- ●使用 SNS
- ●インストールしたきっかけ
- ●好きなキャラクター
- ●よくプレイするコンテンツ

- ●当該アプリ使用頻度
- ●当該アプリへの課金頻度
- ●当該アプリへの課金額
- ●ほかによくプレイするアプリ（理由）
- ●よくプレイするアプリへの使用頻度
- ●よくプレイするアプリへの課金額
- ●日頃接触するメディア
- ●デプスインタビュー調査への参加可否

● SNS投稿からユーザーの本音を見つける

②SNSの投稿は、①～③の中で筆者がもっとも重視している意識データです。ただし、分析するSNSアカウントは、課金クラスター分析で目を付けたクラスターに属するユーザーの一部に絞る必要があります。そうでなければ、途方もない作業になってしまいます。

SNSの中でも、特にTwitterに注目するのがおすすめです。アプリ内のプレイヤーネームがTwitterのアカウント名と一致する場合があるので、Twitterで検索してみましょう。Twitterのつぶやきは、①のアンケート結果には出てこないユーザーの本音であることが多く、大きな価値があります。

筆者が携わったゲームアプリで、次のような事例があります。クラスターA以上のユーザーが「重複した資産をトレードに出しても取引が成立しないので何とかしてほしい」というツイートをしていました（図表49-2）。それを受けてトレード機能を追加開発しようという声もありましたが、筆者は需要と供給の問題であると考え、別の機能である「交換所」で解決を図りました。これは重複した資産を消化して別資産に変換できる機能です。

そして、数カ月かけてアプリを改修した結果、前月比で売上が20%以上も伸びました。それほどこのアプローチは有効であり、筆者が意識データとして重視している理由でもあります。

▶ アプリ改修のきっかけとなったSNS投稿の例 図表49-2

> 実際には、改善策を直接示唆するような投稿を見ることは少なく、「何となく抱える不満」がほとんどです。その不満の根源は何なのかを自問自答し、みなさん自身が課題の解像度を上げていってください。

NEXT PAGE →

● 1対1でユーザーと向き合うデプスインタビュー

③デプスインタビューとは、対象者（ユーザー）とインタビュアー（モデレーター）が1対1の面談を行う市場調査の手法です。一般的に、調査費用として1回あたり数十万円〜数百万円、集計・分析期間として数週間〜1カ月がかかるため、前述した①②よりもハードルが高い手法ではあります（**図表49-3**）。

しかし、上手く実施できれば、それだけの価値があるユーザーの意識データを取得できます。自社のアプリを使ったことがある人へのデプスインタビューを例に、実施のポイントを解説しましょう。

まず、アプリ内から対象クラスターのユーザーに調査依頼をします。そして、もっとも重要なのがモデレーターの選定です。

調査会社に依頼した場合、その会社から派遣される人をモデレーターとすることが多いですが、アプリへの理解に乏しいため質問が抽象的になり、ユーザーの本音を引き出せない懸念があります。

一方、アプリ開発のプロデューサーなど自社側の人がモデレーターにすると、今度はアプリに深く関わりすぎるがゆえに、質問に私見が入ったり、誘導尋問のようになったりしがちです。

筆者のゲームアプリでの経験に基づくと、調査会社のモデレーターでもゲーム全般へのリテラシーの高い人に依頼し、自社アプリを事前にプレイしてもらったうえで、入念に事前のブリーフィングをすることがポイントだと思っています。

▶ ゲームアプリにおけるデプスインタビューの質問項目の例 **図表49-3**

大項目	小項目	小項目で深堀するポイント
キャラクター	キャラデザインが魅力的	・キャラデザのどの部分に惹かれるのか、具体的に教えてください ・日頃プレイしているアプリと比較して、キャラデザはどう思うか
	好きな声優が 声を当てている	・声優を好きになるきっかけは何か ・日頃プレイしているアプリの推しキャラと、その声優は誰か
	絵的な差分（衣装イラスト）	・推しキャラのイラストが変わると課金したくなるか、その理由
ストーリー性	ストーリーが面白い	・日頃プレイしているアプリのストーリー部分は、プレイするアプリの優先度を決めるうえで、どの程度重要か ・いつもどれくらいストーリー部分をプレイしているか
	ユニット間の絡みが多い	・ユニットやキャラの交差するストーリーに魅力を感じるか、その理由
曲	多くの曲数から選べる	・楽曲数が多いとプレイしたいと思うか、その理由
	リリース時○曲、毎月増える	・毎月、あるいは定期的に楽曲が増えると、プレイしたいという意向度はUPするか、その理由
ゲーム性	モチベーションが上がる難易度である	・音ゲーは好きか →（音ゲー好きの人に）日頃プレイする難易度はどの程度か、難易度調整を含めて、このような機能があればいいなと思うものはあるか →（音ゲーは好きではない or 初めてに近い人に）オート機能があるが使いたいと思うか、その理由、他に音ゲーをプレイするのに不安やこうしたほうがありがたいといった要望はあるか
	ログボが魅力的（毎回無料ガチャが引けるなど）	・ログボが魅力的な場合はその対象期間はログインしようと思うか、それともゲームや世界観、キャラが自分に合わないと思ったらログインをやめるか

デプスインタビューは、自社アプリをまだ使ったことがないユーザーに対しても有効です。新規にどのような層にリーチすべきかを検討する際にも活用できます。

● ユーザーにアプリを使ってもらいつつ質問をする

デプスインタビューの内容についても、筆者の経験から説明しましょう。ゲームアプリで実施するキャラクターイベントに関する調査を例にします。

まず、イベントの構成要素である、キャラクターに関するシナリオを読む→イベントをプレイする→ランキング上位のインセンティブを取得するためにイベントを周回する→周回を効率的に行うために課金を行う、という一連のプロセスを、インタビュールームでユーザーに数時間かけてプレイしてもらいました。

そして終了後、ユーザーが行動した事実に対して「何に着目したか？」「そのうえで何を考えたか？」という2つの質問をします。例えば、ユーザーがキャラクターシナリオで手が止まり、熟読している様子が見られたなら、そのシナリオについて質問する形です。そうすることでユーザーの事実に着目した考えのみを抽出でき、潜在的に何を期待してプレイしていたのかを引き出せます。

逆に、ユーザーがプレイする様子を見ずに、いきなり「このイベントのシナリオをどう思いますか？」と聞いても、何も学びはありません。ユーザーの事実に基づかない抽象的な回答になるうえ、調査の謝礼が支払われる都合上、「ポジティブなことを回答してあげよう」というバイアスもかかってしまいます。

● マーケターの仕事は改修「案」を提案するまで

ユーザーの意識を引き出す調査手法を3つ紹介しました。

課金クラスター分析やUI/UXフォロー分析の際に、みなさん自身が課金を伴いながらアプリを使ってみることは重要です。しかし、それには多分に主観が入るため、「ここを改修すべきだ」と思った箇所でも、当のユーザーはそう考えていない可能性が大いにあります。アプリ改修案の精度を高めるために、ぜひこれらの手法も検討してもらえればと思います。

なお、私たちマーケターの仕事は改修「案」を立てることまでで、実際の改修プランに関しては、開発チームのプロデューサーやプロダクトマネージャー（PDM）に任せて問題ありません。

あくまでアプリマーケターとしては、数多くいるユーザーのうち、売上・利益最大化の観点から注力すべき集団を見つけ、その集団のアプリ内での行動特性をつかみ、彼らが望むであろう改修案を提案するまでを仕事と考えましょう。もし余力れば、改修プラン策定の協力まで踏み込んでもよいかと思います。

ゲームアプリがヒットする必要条件

本章では各種分析を通じて、誰に対して優先的に価値提供することで、アプリマーケターとしてアプリの売上・利益を最大化すべきかという話をしました。それに関連のあるテーマとして「ゲームアプリがヒットする必要条件」について、筆者なりにここで述べたいと思います。ヒットする必要・十分条件ではないところにご注意ください（それが分かれば何も苦労することはありませんよね）。

まず、アプリのUI/UX部分について十分にクオリティが担保されているかという部分がヒットに欠かせません。UIについては、アプリのデザインそのものの見やすさ（視認性）や使いやすさ（操作性）が、高い品質で実現されていることが重要です。

そして、ゲームアプリの主な課金要素として、ゲーム内での対戦において有利になるパラメータを手に入れる要素と、クリエイティブそのものの品質の高さに課金する要素が挙げられます。前者については、ゲームのUXとして重要なレベルデザインの話になり、いかに継続的にプレイして達成感や満足感を得られるかと、それに紐づく課金アイテムのレベルデザインに関するクオリティが、ヒットするゲームアプリには必須となります。

後者については、好きなキャラクターのカード絵が可愛い・格好いいから課金するといったイメージです。また、それ以外にも好きなキャラクターのシナリオを読みたいという意味合いも含むため、シナリオライティングもクリエイティブに含みます。

以上のように、さまざまな要素のクオリティを最大限に高めることではじめて、ヒットの土台に乗ることができます。昨今ではゲームアプリ市場がレッドオーシャン化しており、ヒットを出すことはますます難しくなっていますが、ヒット作品はすべからく上記の条件を満たしていることに着目するべきでしょう。

加えて、ヒットした後にその状態を維持し続けることは、さらに難しいです。意外にも、ヒットしたアプリのKPIが低下していく原因は、優秀なプロデューサーやエンジニア、デザイナーが組織から離脱したからという例が多い印象です。例えば、キャラクターデザインやシナリオのクオリティが特定のスキルに依存していた場合、その人員が離脱したことでの売上低下は避けられません。正論を言えば、そのような属人化を許している組織に問題があるのですが、多くの場合、そう簡単ではない事情があります。

ヒットするゲームアプリには、ヒットを支える重要なスキルの持ち主がおり、そのような人材の離脱を防ぐことも、現場のプロデューサーには必要といえます。

Chapter

9

アプリの投資回収に
ついて考えよう

アプリ広告の運用も、アプリの
分析や改修提案も、すべては最
終的に利益を得るための活動で
す。アプリをクローズするまで
の期間で投資を回収するための
考え方を最終章で解説します。

50 ［アプリの投資回収とは］
投資回収の土台となる
考え方を理解しよう

このレッスンの
ポイント

投資した費用を売上として回収し、利益を得ることは営利
企業の宿命です。この前提をアプリビジネスに適用したとき、
マーケターとしてどのような思考回路で業務に当たるべき
かを、筆者の経験からまとめていきます。

◯ 未来の利益に貢献できることを証明する知識を持つ

すでに解説したアプリ広告は、アプリの
インストールを増やし、売上規模を拡大
させ、マネタイズしていくうえで重要な
「投資」です。しかし、ここまで学んで
きたみなさんであれば、「その投資は何を
持ってして"成功"と呼べるのか?」と
いう定義を知りたいところではないでし
ょうか。

その成功の定義としてよく用いられるの
が、「投資した広告費をいつまでに回収で
きるか?」という、投資回収の考え方です。
アプリビジネスにおいても、当然ながら
重要なものです。

企業は広告費以外にも、さまざまな投資
を行っています。その投資のそれぞれに

未来のリターンが見込まれている必要が
あり、経営陣であれば投資の重要性を株
主に対して説明する責任もあるでしょう。
みなさんは株主への説明責任はないとし
ても、上司に対しては、間違いなく説明
責任があります。

アプリ広告の運用のため、上司に対して
投資の必要性を述べる際には、「それが回
収できるのはいつなのか?」「その回収期
間は妥当なのか?」といった質問に答え
られるべきです。アプリマーケターは、
自身が実行する施策が未来の利益に貢献
するものであることを、自ら証明できる
知識を持っておく必要があるのです。

アプリビジネスにおいて投資から得た利益
は、アプリの改修・アップデートやイベント
の運営、人件費、そして新たな広告への投資
などに充てられます。

期限、投資額、回収シミュレーションの精度を意識

アプリビジネスにおける広告費の投資回収について、まずは土台となる考え方をつかんでいきます。下図にも示した①〜③を順に説明しましょう（図表50-1）。

①「期限の明確化」は、いつまでに投資した広告費の回収を行うかを明らかにすることです。これはなるべく短いほうが良く、仮に今日100万円分をアプリ広告に使用し、今日中に100万円の売上がアプリ内課金から発生したら、良い結果といえます。一方、100万円の売上が1年後の回収となるなら、その広告施策の実行は躊躇するのではないでしょうか。

②は「広告投資額の明確化」としていますが、なるべく多くの広告費を使うのが望ましいといえます。なぜなら、正しく運用できている以上は、広告費を多く使うことでアプリのインストール数が増え、ユーザーからの課金などによる売上も増えるからです。とはいえ、際限なく広告費を使うことはできず、必ず①の制約を受けます。

③「広告費回収シミュレーションの精度」は、予測と結果がブレることなく一致することを意味します。例えば、広告費を月間500万円、回収期間90日で設定したとき、広告費500万円を当月で効率的に使い切り、広告配信後90日間で広告経由での売上（課金）額が500万円に達していれば、90日間で投資回収は完了しているため、その投資は"成功"ということになります。

▶ 広告費の投資回収で意識すべき3つのポイント 図表50-1

①期限の明確化
いつまでに投資した広告費の回収を行うか。
投資した広告費以上のリターン（利益）をいつから計上し、事業に利益という側面で貢献できるか。

②広告投資額の明確化
どの程度の広告費を投資するか。

③広告費回収シミュレーションの精度
上記で行った投資回収予測と結果にどの程度の差があるか。

早い話が、広告費を大量に投資（インストールを大量に獲得）し、それと同額の売上（課金）をなるべく早く回収し、それ以降は利益化する、ということですが、そう簡単に実現可能なことでもない……と覚えてください。

[投資回収の公式]

51 投資回収の公式「n日LTV＝CPI」を理解しよう

**このレッスンの
ポイント**

結論から述べると、アプリ広告の投資回収は「n日LTV＝CPI」という公式で表現できます。とはいえ、なかなか直感的には理解しにくいので、公式の意味や使い方、回収期間との関係について例を挙げながら説明します。

◯ 投資回収期間における収益を「n日LTV」で表現

「n日LTV＝CPI」という公式について、まずは用語の説明から始めましょう。

「LTV」はアプリビジネスにおいて、「ユーザーがアプリをインストール後、生涯を通じてもたらす収益」という意味になります。そして、この不明確な「生涯」を投資回収期間として定義し、「n日」と置き換えます。公式「n日LTV＝CPI」の左辺にある「n日LTV」は、「ユーザーがアプリをインストール後、n日間を通じてもたらす収益」を表現したものです。

例えば、ゲームアプリAの14日LTVが300円だと仮定しましょう（n＝14）。これは、ゲームアプリAをインストールしたユーザーは、その後の14日間で平均して300円の課金をする、という意味になります。

同時に、ゲームアプリAはそれが実現可能なユーザー体験を提供できている、と理解できます。

そして、右辺にあるCPIはインストール単価です。n日LTVとCPIがイコールで結ばれるということは、「ユーザーがアプリをインストール後、n日間を通じてもたらす収益が、広告費と等しい」という状態を、この公式は表現しています。

つまり、n日LTVを正確に予測し、それにあわせてCPIをコントロールすれば、投資回収を計画的に行うことが可能になります。また、n日LTVがCPIを上回り続ける、つまり「n日LTV≧CPI」が維持される限り、広告への投資をし続けるのが正しいと解釈できます。

この「n日LTV」をどう決めるか（どう予測するか）がもっとも重要で、本章で解説することのほとんどを占めます。

回収期間とインストール数のバランスをとる

「n日LTV＝CPI」の用語的な意味は理解できたかと思いますが、使い方に関しては、まだピンとこないのではないでしょうか。例を挙げながら説明します。

今度はゲームアプリBにおいて、下図のように期間の異なる3つのn日LTVを予測したとします（図表51-1）。①を公式に当てはめれば「5日LTV＝200円＝CPI」となりますが、これは「アプリ広告のCPIが200円でユーザーを獲得し続ければ、5日間で広告費を回収できる」という状態を表します。②③も同様です。

CPIが高くなるほどn日の日数は増えるわけですが、CPI＝200円と600円では、広告経由で獲得できるアプリのインストール数が異なるという点に注意してください。仮に、CPIが200円なら月に30インストールを獲得できるとすると、CPIを600円まで許容することで入札単価が上がり、より多くの広告露出が行えた結果、月に100インストールを獲得できるかもしれません。つまり、CPIが600円の場合、200円の場合の3倍以上のインストール数を獲得できます。

このように「投資回収期間とインストールボリュームのバランスをどうとるか？」という判断基準として、この公式を使うわけです。

▶ n日LTVとCPI、広告経由でのインストール数の関係（例）図表51-1

n 日 LTV ＝ CPI	左記を許容 CPI とした場合のインストールボリュームのイメージ
5 日 LTV ＝ 200 円	➡ **30 インストール / 日**
30 日 LTV ＝ 600 円	➡ **100 インストール / 日**
90 日 LTV ＝ 1,500 円	➡ **150 インストール / 日**

n日LTVの設定には多面的な判断が必要

公式内のn日が増えるほど、アプリ広告のCPIを増額できます。しかし、投資回収期間が長くなれば、費用が売上として戻る時期を後ろ倒すことになります。

投資回収期間をいつまで延ばせるかは、その事業に使える資金がどの程度あるかによるので、アプリマーケターの判断だけでは決められません。会社にある現金はもちろん、借り入れや資金調達をする想定も含むかなども関係します。

また、詳しくは後述しますが、許容CPIを増額しても、それに比例して増えるインストール数には限界があります。いくら投資回収期間を延ばしても、収益は増えずに広告費だけがかさむことが起こる可能性にも気を配る必要があります。

[投資回収のフェーズ]

52 投資回収における3つのフェーズを理解しよう

**このレッスンの
ポイント**

投資回収の土台となる考え方と、公式について述べました。本レッスンではさらに踏み込んで、広告費の投資回収を時間軸で理解していきましょう。3つのフェーズで区切り、アプリのクローズ時期を予測しつつ判断します。

◯ 投資・中長期回収・短期回収の3つのフェーズ

アプリマーケティングにおいて、広告費の投資回収を時間軸で考えるときには、「投資フェーズ」「中長期回収フェーズ」「短期回収フェーズ」の3つに期間を分けて考えると上手くいきます（**図表52-1**）。投資フェーズは、アプリのリリース後から3〜6カ月ほどが一般的です。中長期回収フェーズと短期回収フェーズは、後述するようにアプリのインストールの入り

やすさや継続率、ARPDAU（デイリーアクティブユーザー1人あたりの平均収益額）からクローズする時期を予測し、それから逆算して決めます。

このように考えることで、アプリがクローズするまでに生み出す利益の最大化が可能です。ある程度の規模のゲームアプリを前提に、やや極端な2つの例を挙げながら時間軸の解説を続けます。

▶ アプリ広告の投資回収期間における3つのフェーズ **図表52-1**

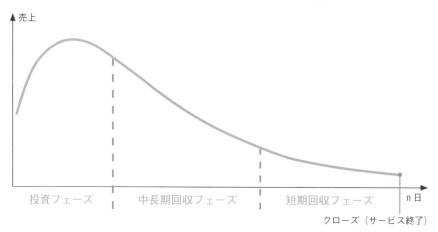

● 積極的な投資を続けすぎてしまったケース

極端な例の1つは、アプリ広告への投資を大規模に行いすぎてしまったケースです。投資フェーズで過剰な投資をしてしまった結果、累積損失が膨らみ、アプリ内のKPIも悪いためインストール後のLTVも伸びない状態です。

広告費を潤沢に注ぎ込んでいるので、投資回収期間も長くなります。仮に、投資フェーズで獲得した広告経由のインストールユーザーの回収期間が5年と想定された一方で、アプリ内KPIの状況から予測されるクローズ時期が3年後だった場合、

どうでしょうか? 広告費の回収は困難となり、累積損失を黒字転換させる術もない可能性すらあります。

その後は損失額をいかに抑えるかという考え方に切り替わるため、クローズタイミングを前倒して早期に「損切り」することを目指し、中長期回収・短期回収フェーズも前倒しとなっていきます。

以上のように過剰な投資をし続けると、最終的に投資した広告費を累計で回収できずに損失を出してしまうことが理解できるかと思います。

● 短期的な投資回収のみを追ってしまったケース

極端な例のもう1つは、逆に慎重すぎる投資を続けたケースです。この場合は、投資フェーズの時点からn日LTV＝CPIのn日は短期間（14日や30日）となります。

しかし、アプリ広告のCPIが低くなるため、インストールボリュームの増加ペースが鈍ります。アプリのDAUやMAUのトップラインが伸びず、本来なら狙えたであろう売上規模にも届きません。さらに、ユーザーのクチコミが広がらず自然流入が増えない、ゲームの対戦相手とのマッチングがされにくく過疎感が生まれるなどの悪影響も出てきます。

その結果、売上のトップラインが伸びず、

利益が出にくい構造になっていきますが、かといって開発費を削減するなどのコストカット施策をしてしまうと、アプリの運営が煩雑になることで、DAUやMAU、売上の減少スピードはさらに加速します。ついには想定クローズタイミングが前倒しとなり、それに伴って中長期回収・短期回収フェーズも前倒しとなってしまいます。

アプリ本来のポテンシャルを殺し、クローズ時期を早めてしまっては本末転倒です。投資を短期で回収することだけを追うのも不適切といえます。

アプリ広告への投資をしすぎるのも、しすぎないのも上手くいきません。適切なバランスを見極めるにはどうすればいいのでしょうか?

クローズ時期から逆算して投資回収期間を設定

極端な例を2つ見てきました。この結果から、アプリをクローズするまでの売上・利益の最大化という観点において、むやみに大規模な投資を行うのも、短期的な投資回収だけを追うのも、よくないことが分かりました。

よって、この2つの例の中間に最適解があるのでは、と想像できます。その最適解こそ「アプリの想定されるクローズタイミングから逆算して投資回収の期間を設定する」という時間軸の考え方です。そして、そのタイミングを決める方法は、すでにマーケットのあるビジネスと、そうではないビジネス（市場を創造するビジネス）で異なります。

前者の場合、アプリのリリース後の一定期間で達成したいインストールボリュームや継続率、ARPDAUなどの目標が存在していると思います。そして「これらのKPIがこの程度の水準で達成できているなら、このアプリは○年程度は運営できる」という予測が可能です。この方法については次レッスンで述べます。

後者の場合、これから市場を創造するビジネスのため不確実要素が多く、アプリの継続率やARPDAUを予測することは困難です。よって、クローズ時期から逆算して投資回収の時間軸を決めるアプローチはとりません。本書では前者を前提に解説を続けます。

過去のアプリの実績からクローズ時期を予測

アプリのクローズタイミングをどのようにして予測するのか、筆者の経験に基づいて説明しましょう。

ゲームアプリを例にすると、リリース前に目標とするインストール数や継続率、ARPDAUごとに、松竹梅のようなイメージで複数のシナリオを設定します。そして、各シナリオに想定するクローズタイミングを紐付けます（図表52-2）。前述の通り、すでにマーケットがあるビジネスでは過去の実績を参考に「リリース直後でこの程度のインストール規模や継続率、ARPDAUなら○年程度は運営できる」という予測ができるので、そのような実績

値に基づいて決めていきます。

具体的な数値を挙げると、ゲームアプリではリリースして2週間後あたり、つまりリリース初動でインストールするようなコアファン以外の層の継続率が50%以上を突破していれば、およそ5年は運営が可能でしょう。一方、30%を切っているアプリでは、1年程度でクローズする可能性が十分にあり得ます。次ページの図では、クローズタイミングが5年後と予測できる場合を①、1年未満の場合を③、その中間を②としてプロットしていますが、このような形でクローズタイミングに当たりを付けるわけです。

▶ アプリのクローズタイミングを3つのシナリオで予測 図表52-2

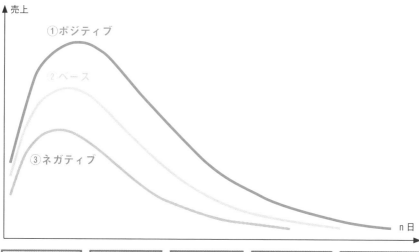

シナリオ	初月 DL 数	1日後継続率	平均 ARPDAU	サービス終了
①ポジティブ	100 万	50%	120 円	5 年
②ベース	50 万	35%	80 円	2 年
③ネガティブ	20 万	25%	40 円	1 年未満

このようにしてアプリのクローズタイミングを
割り出し、そこから逆算した広告費の回収を行
う時間軸の考え方が、アプリマーケターには求
められます。

👍 ワンポイント　アプリ改修での継続率向上には限界がある

「リリースから2週間後の継続率が30%
を切っていることが問題なら、アプリ
改修によって50%にする努力をすれば
いいのでは？」と思うかもしれません。
しかし、筆者の経験上、それは不可能
だと考えます。

継続率を30%から50%に上げるのは、
アプリのちょっとした改修でどうにか
なる問題ではなく、ゼロから作り直す
くらいの抜本的な改修が必要です。ア
プリの改修による継続率の上昇は、最
大で10%程度が限界でしょう。

53 [KPIやn日LTVの予測]

各種指標や投資回収期間を過去の事例から予測しよう

このレッスンの
ポイント

過去のアプリの実績値としてのインストール数や継続率、**ARPDAUからクローズタイミングを予測すること**について、もう少し**深掘り**していきます。筆者が実務で利用しているスプレッドシートもサンプルとして紹介します。

○ 自社・他社のデータからKPIを計算してn日LTVを予測

どのようなアプリでも、いつかは運営が難しくなり、クローズすべきタイミングが訪れます。その時期を予測して投資回収の期間を設定するために、必要な知識をまとめていきます。

すでにマーケットがあるビジネスでは、過去のアプリにおけるリリース時のインストールボリュームや継続率、ARPDAU、実際にクローズするまでの運営期間を参考にすると前レッスンで述べました。このベンチマークアプリは、他社の競合アプリでも自社の類似アプリでも、どちらでも構いません。他社については、App Annieなどの調査・分析ベンダーのデータを参照するか、業界の知人から情報を得

るなどするといいでしょう。

そして、ベンチマークアプリのn日継続率やARPDAUなどが把握できれば、Excelや Googleスプレッドシートで一覧化して数式を組むことで、n日LTVを予測することが可能です（図表53-1）。

このようにして日々のインストール数、継続率、ARPDAUが計算できれば、日々の売上や毎月の売上も予測できます。毎月の売上から諸経費を除いたうえで、十分に利益が出続けるのか、損益分岐点あたりの微妙な利益か、赤字になるのかを判断しつつ、アプリをクローズすべきタイミングを検討・決定することになります。

ベンチマークアプリとインストール数、継続率、ARPDAU を比較することで、どの KPI に差分があったのか？ その差分はなぜ生まれたのか？ その差分は改善余地があるのか？ といったことも考えられるようになります。

月日	自然流入 ②	広告流入	既存ユーザー	DAU ④	売上	ARPDAU ③
9/1	225,783	37,233	0	263,016	¥8,679,525	¥33
9/2	76,695	12,647	173,643	262,986	¥9,204,495	¥35
9/3	29,478	4,861	220,594	254,933	¥8,157,860	¥32
9/4	26,172	4,316	220,335	250,823	¥8,277,151	¥33
9/5	19,449	3,207	222,627	245,283	¥4,905,662	¥20
9/6	11,595	1,912	221,927	235,434	¥4,708,682	¥20
9/7	9,795	1,615	216,721	228,132	¥6,387,686	¥28
9/8	9,012	1,486	210,595	221,094	¥7,517,183	¥34
9/9	7,335	1,210	207,854	216,399	¥35,705,777	¥165
9/10	5,652	932	206,028	212,612	¥17,646,768	¥83
9/11	6,494	1,071	203,579	211,143	¥14,780,036	¥70
9/12	7,181	1,184	201,798	210,163	¥9,037,003	¥43
9/13	4,668	770	200,375	205,813	¥7,820,897	¥38
9/14	3,755	619	197,520	201,894	¥6,056,823	¥30
9/15	3,191	526	194,240	197,957	¥5,938,702	¥30
9/16	4,563	752	191,148	196,463	¥4,322,186	¥22
9/17	3,075	507	188,804	192,386	¥27,511,239	¥143
9/18	3,638	600	185,701	189,938	¥13,485,590	¥71
9/19	3,786	624	183,027	187,437	¥7,122,609	¥38
9/20	2,646	436	180,495	183,578	¥5,507,329	¥30
9/21	2,445	403	177,317	180,165	¥4,864,457	¥27
9/22	2,586	426	174,055	177,067	¥4,780,810	¥27
9/23	3,054	504	170,946	174,504	¥5,235,119	¥30
9/24	2,204	363	168,085	170,652	¥4,266,295	¥25
9/25	2,553	421	164,738	167,712	¥4,192,805	¥25
9/26	2,253	372	161,602	164,226	¥3,777,207	¥23
9/27	1,665	275	158,310	160,250	¥18,332,584	¥114
9/28	1,523	251	154,693	156,466	¥8,887,290	¥57
9/29	1,556	257	151,030	152,842	¥4,646,393	¥30
9/30	1,328	219	147,415	148,961	¥3,575,063	¥24
9月合計				6,020,328	¥275,331,225	¥46 ⑤

① リリース初日、2日目の継続率

1日継続率	66.02%
3日継続率	56.87%
7日継続率	47.50%
14日継続率	41.30%
30日継続率	29.53%
90日継続率	14.05%
180日継続率	11.00%
365日継続率	9.00%

リリース3日目以降の継続率

1日継続率	46.19%
3日継続率	37.21%
7日継続率	29.87%
14日継続率	23.21%
30日継続率	15.17%
90日継続率	6.80%
180日継続率	5.00%
365日継続率	4.00%

ARPDAU ¥46

LTV

30日	¥578
60日	¥930
90日	¥1,176

⑥

①想定する継続率を入力。ゲームの場合、リリース初日、2日目にインストールするユーザーと、それ以降にインストールするユーザーで継続率に差がある場合が多いため2パターンを組み合わせる。

②想定する自然流入と広告流入を日別に記載。

③アプリ内イベントのスケジュールや過去実績を参照し、ARPDAU を日別に記載。

④自然流入と広告流入、日々の継続率を数式で計算することで既存ユーザーが算出され、結果的に DAU が分かる。その DAU と ARPDAU を掛け算することで日々の売上が予測できる。

⑤9 月合計の DAU 602 万と売上 2.75 億を割り算すると、平均 ARPDAU = 46 円が算出される。

⑥平均 ARPDAU と継続率が分かると、数式を用いることで n 日 LTV の予測を算出できる。ここでは 30 日 LTV、60 日 LTV、90 日 LTV を予測している。

👍 ワンポイント　最終的には各種手数料も考慮した判断を

投資回収においては、売上を正確に把握することも重要です。アプリ内課金から生まれる収益は、AppleとGoogleというプラットフォーマーから30%の手数料差し引かれたうえで自社に入金されます。また、アプリ広告の運用を外注している場合、代理店への手数料も考慮する必要があります。n日LTVを予測する際には、LTVは自社にキャッシュとして入ってくる金額（正味）で考える必要があることも忘れないようにしてください。

[投資フェーズでの施策]

54 投資フェーズにおける施策を理解しよう

**このレッスンの
ポイント**

本レッスンと次レッスンでは、ゲームアプリでの具体的な条件に対して投資回収の考え方を適用し、フェーズごとにどのような KPI を追いながら広告配信を行うべきかをおさらいします。現実に近い例として参考にしてください。

○ リリース後1カ月間のKPIを見て投資の規模を決める

投資回収における3つのフェーズのうち、1つ目に当たる投資フェーズはアプリのリリース後から3〜6カ月の想定です。ここでは6カ月と設定します（**図表54-1**）。

その6カ月の中でも、初月はリリース直後ということでもっとも効率的にインストールを獲得できる期間です。そのため、当該ゲームアプリジャンルの広告における相場感である許容CPI＝1,500円以内の範囲であれば、最大で月に2.5億円の予算

を確保できたと仮定します。

そして、リリース後1カ月の実績を見ると、リリース前に想定していたインストール数や継続率、ARPDAUなどのシナリオの中でも、比較的ポジティブなシナリオで推移していることが分かりました。各KPIがこの水準であれば、このアプリは少なくとも3年間は運営ができそうだと予測でき、それに従って施策を実行していきます。

▶ 投資フェーズのイメージ 図表54-1

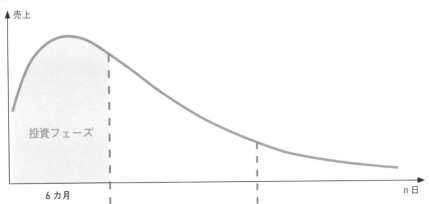

◯ 良質なユーザーによるインストールの増加に専念

投資フェーズは、まだ5カ月残っています。前述の通り、ポジティブなシナリオに振れたと仮定するため、この時点では広告費を何年で回収するかといった考えはあまり持たず、とにかく良質なインストールを流し込むことに専念します。このリリース直後の特需の時期に狙うべきは、イノベーター層とアーリーアダプター層です（図表54-2）。

問題は「CPIをどう決めるか？」と「広告費をいくら投資できるか？」にあります。CPIについては、競合・類似アプリの実績を参考にするのがいいでしょう。先ほどは当該ゲームアプリジャンルの相場感に従って許容CPI＝1,500円以内としましたが、初月の運用でこのCPIから大きく外れていなければ、その基準で配信を続けます。CPIが決まれば許容CPC（入札単価）もほぼ決まるので、月ごとの広告費の総額も予測可能になります。

広告費をいくら投資できるかは、会社または事業としてどの程度の予算を割けるかによります。アプリマーケターの役割としては、予測や実績をもとに上司や経営陣にプレゼンをし、最大の予算を確保できるよう努力することでしょう。例えば「投資フェーズにおける許容CPIは他社を参考にすると1,500円であり、月間2億円の広告費で◯万件のインストールが見込めます。足元の各種KPIはポジティブに推移しているため、3年はサービスが継続できると考えております。ですので、当初は投資回収についてはあまり考えず、DAUが上記の予算の範囲で最大限向上し、売上を最大化する方針で進行したいと考えております。この規模の投資が可能かどうか、ご意見をお聞かせください」といったイメージです。

▶ 投資フェーズで狙うべきユーザー層 図表54-2

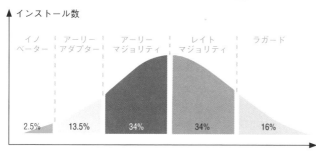

投資フェーズでは「イノベーター理論」でいうイノベーター／アーリーアダプター層を狙うとよい

このフェーズで獲得できたイノベーター層とアーリーアダプター層は、当該ゲームアプリジャンルへのモチベーションが高いため、安価な CPI で獲得でき、LTV も他の層と比べて高くなります。

55 [中長期・短期回収フェーズでの施策]
中長期・短期回収フェーズにおける施策を理解しよう

このレッスンの
ポイント

投資フェーズに続き、中長期回収フェーズと短期回収フェーズでの考え方を見ていきます。前レッスンの例に加えて、各種KPIが期待した水準に至らなかった例も含めて解説するので、本章の総復習として理解してください。

◯ 投資フェーズ終了後とクローズまでの期間を分ける

前レッスンの例では、投資フェーズを6カ月間に設定し、アプリリリース後の継続率が50%以上で推移、クローズのタイミングを3年後と設定しました。この例を続け、中長期回収フェーズと短期回収フェーズでの施策を考えます。

投資フェーズが終了した時点で、アプリのクローズまでには、あと2.5年残っています。そこで次ページの図のように、中長期回収フェーズを1.5年、短期回収フェーズを1年として区切ることにします（図表55-1）。

このように区切った場合、アプリをクローズする半年前にはサービスの終了告知を出すことを考慮すると、実質の短期回収フェーズは半年と考えられます。よって、短期的な広告の投資回収をシビアに見る

期間を1年、中長期的な回収フェーズを1.5年と区切りました。

「なぜ中長期回収フェーズを1年、短期回収フェーズを1.5年（実質1年）と設定してはいけないのか？」という質問もありそうですが、それでも筆者は問題ないと考えます。みなさんが所属する企業のキャッシュ余力、経営陣の投資に対する判断基準、担当アプリのKPIの状況など、さまざまな要因を加味して中長期回収・短期回収フェーズを区切って問題ありません。

重要なのは、フェーズをいったん区切ることで、そのフェーズで何を考えて広告運用に専念すればよいかが見えるということです。この点については以降で具体的に説明します。

中長期回収フェーズと短期回収フェーズを分ける明確なルールは存在しません。最初は感覚的でも構わないので、とにかく区切ってみることをおすすめします。

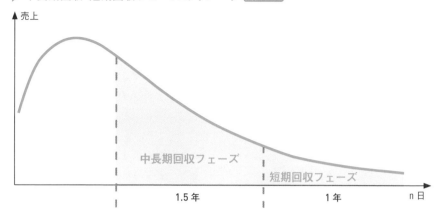

中長期回収フェーズでは許容CPIの上げすぎに注意

中長期回収フェーズの最初期の段階では、クローズまでに2.5年（実質2年）の期間があります。つまり、最大で広告費の回収を2年待つことができ、n日LTVを730日に設定できることになります。

n日に2年（＝730）を採用した場合、ジャンルにもよりますが、理論的には許容CPIが数千円後半から数万円に達すると考えられます。しかし、この金額を実際に許容CPIとして設定するかというと、そうではありません。いくら入札単価を上げても、それに比例してインストール数が増えなくなる臨界点が存在する可能性

があるからです（図表55-2）。

筆者であれば、自社アプリのLTVの伸びが120日（n＝120）から鈍化する傾向にあるとすると、その手前である90日LTVを許容CPIとして設定します。さらに、その許容CPIでアプリ広告を配信した場合、許容CPIに正比例して広告CV数が比例しているかについても確認します。

このように広告配信を行うことができれば、CV数を最大化しつつ、90日後にはその広告費を回収できますし、その後の30日間はLTVが上昇するため、そのまま利益として回収が可能となります。

▶ 許容CPIの臨界点のイメージ 図表55-2

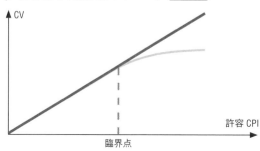

むやみに許容CPIを高く設定しても、インストール数（CV数）が増えない臨界点に到達し、極めて非効率な運用となる可能性が高い。許容CPIを上げたぶん、インストール数も増加する関係が維持される範囲で調整する

● 短期回収フェーズでは利益を残すことを優先

最後に、短期回収フェーズです。これまでの例を続けると、1年（実質半年）の設定となります。

短期回収フェーズで注意すべきなのは、あと1年（実質半年）あるからといって、n日LTVを365日に設定してはいけないということです。これではアプリのクローズタイミングに投資回収が完了しても、利益はゼロになってしまいます。利益を残せなければ意味がないので、短期回収フェーズの期間＝広告費の投資回収期間とするのは愚策です。

では、どのようにn日LTV＝CPIを設定すべきかというと、最終的にどの程度の利益を上げたいかによります。筆者であれば、実質半年後にクローズするため、初動では30日LTV、あるいは、どれだけ許容しても90日LTVを許容CPIとします。そうす

ることで、短期回収フェーズで獲得したCVから広告費を回収するまでに30日あるいは90日かかります。つまり、実質のクローズタイミングである180日後までの90日間あるいは150日間は、そのまま利益化できるということです。

また、短期回収フェーズの後半になってくると、実質のサービス終了が目前となるので、30日LTVや15日LTVを許容CPIとした広告運用を行います。ここまで来ると大したインストール数も取れないため、運用を行うための人件費のほうが高くつくケースも想定でき、広告の配信自体を全停止することもあります。

短期回収フェーズでは、以上のように残された期間でなるべく多くの利益を創出できることを優先した設計にすることをおすすめします。

> 中長期回収フェーズでは許容CPIを上げすぎず、インストール数が増える範囲で投資を続け、短期回収フェーズでは利益創出をいちばんに見据えて投資を絞っていく、という流れです。

👍 ワンポイント　広告運用結果によっては各フェーズを延長できる

第3～6章で述べたように、アプリ広告のターゲティングやクリエイティブのチューニングによって、許容CPIの中でより多くのインストールを獲得することも、アプリマーケターのミッションです。その結果、DAUや売上のベースラインを底上げできます。

そして、例えば中長期回収フェーズにおける売上を底上げできれば、もともとは3年と見込んでいたクローズまでの期間を4年に延ばすなど、ポジティブなプランの修正もあり得ます。こうした点が、まさにアプリマーケターの腕の見せ所です。

期待を下回った場合の中長期回収フェーズ

さて、以降は例を変えましょう。ここまではリリース後の投資フェーズで期待通りの成果を上げていましたが、今度は期待を下回ったアプリを例として考えます。3カ月間の投資フェーズでは継続率が30%以下で推移し、アプリをクローズすべきタイミングは1年後と想定されました。投資フェーズの終了時点で、残された期間は9カ月です。このうち、中長期回収フェーズは3カ月、短期回収フェーズは6カ月（実質3カ月）に設定します。

中長期回収フェーズが3カ月となると、90日LTV＝CPIが許容できる限度でしょう。この場合、許容CPIは数百円〜数千円と予測でき、その範囲でアプリ広告を配信するのが妥当です。中長期回収フェーズ内であっても毎月許容CPIを下げるなど、細かな調整にも気を配ります。広告費の回収が困難にならないよう、保守的な設定が求められます。

投資を見送って顧客満足の優先にシフト

期待を下回った例において、短期回収フェーズは6カ月（実質3カ月）となります。残念ながら、半年後にクローズすることが見込まれているアプリに対して、広告を引き続き配信するという意思決定は、まずあり得ないでしょう。

よって、短期回収フェーズでは広告配信を行わず、アプリの既存ユーザーに最大限満足してもらえる運営をすることに専念すべきです。自社のビジネスにとっても、お客さまにとっても、それが最適な選択となるはずです。

なお、筆者の経験から現実的な話をするなら、投資フェーズでの継続率が30%を切っているゲームアプリは、早々にクローズタイミングを決めることが多いはずです。そして、1年後のクローズが決まっているなら、そもそも中長期回収フェーズや短期回収フェーズといった考え方をせず、クローズまでまったく広告費への投資をしないという判断もあり得ます。その場合も、できる限り既存のアプリユーザーに満足してもらうことを優先し、アプリの運営に注力する方針にシフトしていきます。

アプリ内 KPI が想定よりも大きく下方にブレた場合、投資回収については短期的な視点にならざるを得ません。アプリビジネスに失敗はつきものです。ときには戦略的な撤退が必要なこともあります。

ⓘ COLUMN

アプリマーケターのキャリアパス

筆者はキャリアの大半をプロモーション畑で過ごしてきました。そして現在ではプロデューサー業、いわゆるコンテンツの作り手としてゲーム制作に携わり、最終的なPL（損益計算書）に責任を持つ立場となっています。

そのような経験から、最近ではアプリマーケターはプロモーションだけでなく、PL責任を負うプロデューサーを目指したほうがよいと感じ始めました。

プロモーション領域の職能を極めると、「広告単体での投資対効果はよいので投資しましょう」「広告経由のCPIが前月比で改善されているので投資しましょう」といった論調になりがちです。結果、データの表面上の数値のみで判断する機械的な思考一辺倒になることが多分にあります。

しかし、本当に重要なのは「ユーザーはこのアプリをなぜ遊んでくれているのか？」「ロイヤルユーザーはどのような価値を感じてアプリに課金してくれているのか？」といったことをデータの深掘りや各種調査から読み取り、言語化し、そのうえでビジネスを拡大していくことです。

プロモーション領域のみを研ぎ澄ませることには、別の問題もあります。一般的に、DAUも売上も右肩上がり、あるいは高い水準で維持しているときは、売上が損益分岐点を大きく超えているため利益に余力があり、積極的な投資を続けられます。しかし、特にゲームアプリにおいては、そのような余力のある状態が長く続くことは経験上あまりありません。どれだけ調子のよいアプリでも、好調が続くのは数カ月、長くて数年でしょう。

よって、PL責任者は多くの場合、PLに余裕がない状態でビジネス上の判断を迫られることが多いと思います。限りある利益を広告に投資すべきか、アプリ改修のための開発費に使うべきか、はたまたロイヤルユーザーへのファンサービスに充てるか……。刻一刻と変わるKPIと、中長期的な売上・利益最大化を考えつつ、決断をするのがプロデューサーです。

今、アプリマーケターであるみなさんも、現状の組織における自身の役割だけではアプリの中長期的な売上・利益最大化に貢献できないと感じた場合、それを上長や組織に伝えたうえで、プロデューサー視点でのアクションをぜひ起こしてほしいと思います。そのようなアクションを「作業」（人から与えられた業務）ではなく、「仕事」（自ら生み出した業務）と呼ぶのではないでしょうか。

> 今、PLに責任を負っていない立場の人も、責任を負う立場になった自分を想像して仕事をしてみてください。そう考えるだけで、プロモーション一辺倒の頭から脱することができるはずです。

用語集

ARPDAU

「Average Revenue Per Daily Active User」の略。DAU1人当たりの平均課金額を表す。

CPA

「Cost Per Acquisition」の略。成果獲得単価を表す。アプリマーケティングにおいてはCPIと同義として使われることが多いが、インストール後の特定イベントを突破したユーザーの獲得単価をCPAと呼ぶこともある。

CPI

「Cost Per Install」の略。1インストール当たりの獲得単価を表す。

CPT

「Cost Per Tap」の略。1タップ当たりの広告費を表す。Apple Search Adsではこの指標が用いられることが多いが、実質的にはCPCと同義。

CTIT

「Click to Install Time」の略。クリックからインストールまでの時間を表す。CTITが数秒あるいは数十日のように、非常に短い・長い場合、広告不正を疑う必要がある。

CTR

「Click Through Rate」の略。広告がユーザーに表示された回数（IMP）のうち、ユーザーがクリックした回数の割合を計算した指標。

CV

「Conversion」（コンバージョン）の略。アプリマーケティングにおいては、アプリのインストールの意味で使われることが多い。

CVR

「Conversion Rate」の略。広告をクリックしたユーザーのうち、どの程度のユーザーがCV（コンバージョン）に至ったかを表す指標。

DAU

「Daily Active User」の略。特定の日に1回以上アプリを利用したユニークユーザーの総数を表す。

IDFA

「Identifier for Advertisers」の略。Appleが端末にランダムに割り当てたデバイスIDのこと。

IMP

「Impression」（インプレッション）の略。広告が露出した回数を表す。

KGI

「Key Goal Indicator」の略。重要目標達成指標を表す。多くの場合、特定の期間に達成すべき売上や利益として表現される。

KPI

「Key Performance Indicator」の略。重要業績評価指標を表す。最終目標であるKGIに対する中間目標を意味する。

LTV

「Life Time Value」の略。顧客生涯価値と訳され、1人のユーザーから生涯を通じて得られる収益を表す。

MARPPU

「Monthly Average Revenue Per Paid User」の略。特定の月の課金ユーザー1人あたりの平均月間課金額を表す。

MARPU

「Monthly Average Revenue Per User」の略。特定の月のユーザー1人あたりの平均月間課金額を表す。

MAU

「Monthly Active User」の略。特定の月に1回以上アプリを利用したユニークユーザーの総数を表す。

MPU

「Monthly Paid User」の略。月間の課金者数の総数を表す。

MPUR

「Monthly Paid User Rate」の略。MAUに占める MPUの割合を表す。

ROAS

投資した広告費に対して、どれだけの売上（課金）を上げることができたかを測るための指標。計算式は「ROAS＝（売上÷広告費）×100（%）」で表現される。

UI

「User Interface」の略。ユーザー（顧客）とアプリとのインターフェース（接点）すべてのことを意味する。アプリのデザインそのものの見やすさ（視認性）や、使いやすさ（操作性）などを広義に含む。

UX

「User Experience」の略。ユーザー（顧客）がアプリを通じて得られる体験（エクスペリエンス）を意味する。一般的には、ユーザーが質の高い体験（UX）をするためには、質の高い見た目や操作性（UI）が必要になる。

アトリビューション

各広告媒体ごとのコンバージョンへの貢献度を測ること。ユーザーが最終的なインストールアクションに至るまでに、どのような媒体を経由してきたかを知ることを意味する。

オーディエンス

ユーザーとほぼ同義。主に広告のターゲティングについて言及する際に使用される。例えば「オーディエンスの属性情報や行動履歴などを組み合わせたデータを使用して広告を配信する」と表現する。

継続率

ユーザーがアプリをインストールした後、どの程度の期間、継続して利用しているかを表す指標。「Retention Rate」または略して「RR」とも呼ばれる。また、1日後継続率や「1dRR」（1 day Retention Rate）のように使われることもある。

クリエイティブ

広告配信するために制作された広告素材全般を表す。例えば、リスティング広告に掲載するテキスト素材や、ディスプレイ広告に掲載する静止画素材、YouTube広告に使用する動画素材など、あらゆる形式の広告素材がクリエイティブに該当する。

ターゲティング

広告配信において特定のカテゴリにセグメント（ターゲット）して配信を行うことを表す。広告「枠」に広告を出すのではなく、「ユーザー」に広告を出す（ターゲティングする）という意味で使われることが多い。枠に広告を出す場合は「プレースメント」と呼ばれる場合が多い。

デモグラフィック

年齢、性別、居住地、家族構成、職業など、人口統計学的なデータの総称を意味する。顧客データ分析の切り口のひとつであり、ほかの切り口にジオグラフィックやサイコグラフィックなどがある。

トラッキング

ユーザーの購買行動を追跡し、データを収集することを表す。

入札

対象の成果に対して、いくらまでなら広告費を支払ってよいかを決めて、設定する行為を表す。一例を挙げると、Twitter広告において1クリックに対していくらまでなら広告費を支払ってよいかを決めて、入札単価を設定することなどが挙げられる。

リターゲティング広告

アプリ広告においては、過去にアプリをインストールしたことのあるユーザーに対して、再度アプリをインストール（起動）してもらうために広告を配信することを表す。

索引

◯ スタッフリスト

カバー・本文デザイン	米倉英弘（細山田デザイン事務所）
カバー・本文イラスト	東海林巨樹
写真撮影	蔭山一広（panorama house）
アイコン素材	ICOOON MONO
DTP	株式会社トップスタジオ
デザイン制作室	今津幸弘
	鈴木　薫
編集長	小渕隆和

■商品に関する問い合わせ先

このたびは弊社商品をご購入いただきありがとうございます。本書の内容などに関するお問い合わせは、下記のURLまたはQRコードにある問い合わせフォームからお送りください。

https://book.impress.co.jp/info/

上記フォームがご利用頂けない場合のメールでの問い合わせ先
info@impress.co.jp

※お問い合わせの際は、書名、ISBN、お名前、お電話番号、メールアドレス に加えて、「該当するページ」と「具体的なご質問内容」「お使いの動作環境」を必ずご明記ください。なお、本書の範囲を超えるご質問にはお答えできないのでご了承ください。

● 電話やFAX でのご質問には対応しておりません。また、封書でのお問い合わせは回答までに日数をいただく場合があります。あらかじめご了承ください。
● インプレスブックスの本書情報ページ https://book.impress.co.jp/books/1120101136 では、本書のサポート情報や正誤表・訂正情報などを提供しています。あわせてご確認ください。
● 本書の奥付に記載されている初版発行日から3 年が経過した場合、もしくは本書で紹介している製品やサービスについて提供会社によるサポートが終了した場合はご質問にお答えできない場合があります。

■落丁・乱丁本などの問い合わせ先
TEL 03-6837-5016
FAX 03-6837-5023
service@impress.co.jp
(受付時間／10:00〜12:00、13:00〜17:30 土日祝祭日を除く)
※古書店で購入された商品はお取り替えできません。

■書店／販売会社からのご注文窓口
株式会社インプレス 受注センター
TEL 048-449-8040
FAX 048-449-8041

いちばんやさしいアプリマーケティングの教本

人気講師が教えるスマホアプリ収益化の大原則

2021 年 12 月 21 日初版発行

著 者　　森下 明

発行人　　小川 亨

編集人　　高橋隆志

発行所　　株式会社インプレス
　　　　　〒 101-0051　東京都千代田区神田神保町一丁目 105 番地
　　　　　ホームページ　https://book.impress.co.jp/

印刷所　　音羽印刷株式会社